LA CONSTITUTION ESPAGNOLE

Approuvée par les Cortès réunies en séances plénières du Congrès des Députés et du Sénat célébrées le 31 octobre 1978

Ratifiée par le peuple espagnol par le référendum du 6 décembre 1978

Sanctionnée par S.M. le Roi devant les Cortès le 27 décembre 1978

Legibus, 2017

ISBN: 978-1978486690

Origen del documento: Agencia Estatal del Boletín Oficial del Estado

Table des matières

	Pages
Préambule	5
Titre préliminaire	5
Titre I. Des Droits Et Des Devoirs Fondamentaux	7
Chap. I. Des Espagnols et des étrangers	7
Chap. II. Droits et libertés	8
Sect. 1ère Des droits fondamentaux et des libertés publiques	8
Sect. 2nd Des droits et des devoirs des citoyens	12
Chap. III. Des principes directeurs de la politique sociale et économique	14
Chap. IV. Des garanties des libertés et des droits fondamentaux	16
Chap. V. De la suspension des droits et des libertés	17
Titre II. De la Couronne	17
Titre III. Des Cortès Générales	20
Chap. I. Des Chambres	20
Chap. II. De l'élaboration des lois	25
Chap. III. Des traités internationaux	27
Titre IV. Du Gouvernement et de l'Administration	28
Titre V. Des relations entre le Gouvernement et les Cortès Générales	31
Titre VI. Du Pouvoir Judiciaire	33
Titre VII. Économie et Finances	35
Titre VIII. De l'organisation territoriale de l'État	39
Chap. I. Principes généraux	39
Chap. II. De l'Administration locale	40

Chap. III. Des Communautés autonomes	40
Titre IX. Du Tribunal Constitutionnel	49
Titre X. De La Révision constitutionnelle	51
Dispositions additionnelles	51
Dispositions transitoires	51
Disposition abrogatoire	54
Disposition finale	55

PREAMBULE

La nation espagnole, désirant établir la justice, la liberté et la sécurité et promouvoir le bien de tous ceux qui la composent, proclame, en faisant usage de sa souveraineté, sa volonté de:

Garantir la coexistence démocratique dans le cadre de la Constitution et des lois, suivant un ordre économique et social juste.

Consolider un Etat de droit qui assurera l'empire de la loi, en tant qu'expression de la volonté populaire.

Protéger tous les Espagnols et les peuples d'Espagne dans l'exercice des droits de l'homme, de leurs cultures et de leurs traditions, de leurs langues et de leurs institutions.

Promouvoir le progrès de la culture et de l'économie afin d'assurer à tous une digne qualité de vie.

Établir une société démocratique avancée, et Collaborer au renforcement de relations pacifiques et d'une coopération efficace avec tous les peuples de la Terre.

C'est pourquoi, les Cortés approuvent et le peuple espagnol ratifie la suivante

CONSTITUTION

TITRE PRELIMINAIRE

Article 1. 1. L'Espagne se constitue en un Etat de droit social et démocratique qui proclame comme valeurs suprêmes de son ordre juridique la liberté, la justice, l'égalité et pluralisme politique.

2. La souveraineté nationale réside dans le peuple espagnol duquel émanent les pouvoirs de l'Etat.

3. La forme politique de l'Etat espagnol est la Monarchie parlementaire.

Art. 2. La Constitution est fondée sur l'unité indissoluble de la nation espagnole, patrie commune et indivisible de tous les Espagnols. Elle reconnaît et garantit le droit à l'autonomie des nationalités et des régions qui la composent et la solidarité entre elles.

Art. 3. 1. Le castillan est la langue espagnole officielle de l'Etat. Tous les

Espagnols ont le devoir de la connaître et le droit de l'employer.

2. Les autres langues de l'Espagne seront aussi officielles dans les Communautés autonomes respectives, conformément à leurs statuts.

3. La richesse des différentes modalités linguistiques de l'Espagne est un patrimoine culturel qui sera respecté et protégé de façon particulière.

Art. 4. 1. Le drapeau espagnol se compose de trois bandes horizontales, rouge, jaune et rouge; la bande jaune ayant une largeur double de chacune des bandes rouges.

2. Les statuts pourront reconnaître des drapeaux et des enseignes propres aux Communautés autonomes. Ils seront utilisés à côté du drapeau espagnol sur leurs édifices publics et à l'intérieur de ceux-ci et à leurs cérémonies officielles.

Art. 5. La capitale de l'Etat est la ville de Madrid.

Art. 6. Les partis politiques expriment le pluralisme politique, ils concourent à la formation et à la manifestation de la volonté populaire et sont un instrument fondamental de la participation politique. Ils sont créés librement et exercent librement leurs activités dans la mesure où ils respectent la Constitution et la loi. Leur structure interne et leur fonctionnement devront être démocratiques.

Art. 7. Les syndicats de travailleurs et les associations patronales contribuent à la défense et à la promotion des intérêts économiques et sociaux qui leurs sont propres. Ils sont créés librement et exercent librement leurs activités dans la mesure où ils respectent la Constitution et la loi. Leur structure interne et leur fonctionnement devront être démocratiques.

Art. 8. 1. Les Forces armées, constituées par l'Armée de terre, la Marine et l'Armée de l'air, ont pour mission de garantir la souveraineté et l'indépendance de l'Espagne et de défendre son intégrité territoriale et son ordre constitutionnel.

2. Une loi organique définira les bases de l'organisation militaire.

Art. 9. 1. Les citoyens et les pouvoirs publics sont soumis à la Constitution et aux autres normes de l'ordre juridique.

2. Il incombe aux pouvoirs publics de créer les conditions pour que la liberté et l'égalité de la personne et des groupes dans lesquels elle s'intègre soient réelles et effectives, de supprimer les obstacles qui empêchent ou entravent leur plein épanouissement et de faciliter la participation de tous les citoyens a la vie politique, économique, culturelle et sociale.

3. La Constitution garantit le principe de la légalité, la hiérarchie des normes, leur publicité, la non-rétroactivité des dispositions punitives qui ne favorisent pas ou

qui restreignent des droits individuels, la sécurité juridique et la responsabilité des pouvoirs publics et protège contre toute action arbitraire de ceux-ci.

TITRE PREMIER

Des droit et des devoirs fondamentaux

Art. 10. 1. La dignité de la personne, les droits inviolables qui lui son inhérents, le libre développement de la personnalité, le respect de la loi et des droits d'autrui sont le fondement de l'ordre politique et de la paix sociale.

2. Les normes relatives aux droits fondamentaux et aux libertés que reconnaît la Constitution seront interprétées conformément à la Déclaration Universelle des Droits de l'Homme et aux traités et accords internationaux portant sur les mêmes matières ratifiés par l'Espagne.

CHAPITRE PREMIER

Des Espagnols et des étrangers

Art. 11. 1. La nationalité espagnole s'acquiert, se conserve et se perd conformément aux dispositions de la loi.

2. Aucun Espagnol d'origine ne pourra être privé de sa nationalité.

3. L'Etat pourra conclure des traités de double nationalité avec les pays ibéro-américains ou avec ceux qui ont maintenu ou qui maintiennent des liens particuliers avec l'Espagne. Les Espagnols pourront se nationaliser, sans perdre leur nationalité d'origine dans ces pays, même si ceux-ci ne reconnaissent pas à leurs citoyens un droit réciproque.

Art. 12. Les Espagnols sont majeurs a dix-huit ans.

Art. 13. 1. Les étrangers jouiront en Espagne des libertés publiques garanties au titre 1, dans les termes qu'établiront les traités et la loi.

2. Seuls les Espagnols jouiront des droits reconnus a l'article 23, exception faite, en vertu de critères de réciprocité, des dispositions que pourra établir un traité ou la loi concernant le droit de suffrage actif et passif dans les élections municipales.

3. L'extradition ne sera accordée qu'en exécution d'un traité ou de la loi, conformément au principe de la réciprocité. Les délits politiques sont exclus de

l'extradition; les actes de terrorisme ne sont pas considérés comme tels.

4. La loi établira les termes dans lesquels les citoyens d'autres pays et les apatrides pourront jouir du droit d'asile en Espagne.

CHAPITRE II

Des droits et des Libertés

Art. 14. Les Espagnols son égaux devant la loi et ne peuvent faire l'objet d'aucune discrimination pour des raisons de naissance, de race, de sexe, de religion, d'opinion ou pour n'importe quelle autre condition ou circonstance personnelle ou sociale.

SECTION 1.—DES DROITS FONDAMENTAUX ET DES LIBERTES PUBLIQUES

Art. 15. Toute personne a droit à la vie et à l'intégrité physique et morale sans, qu'en aucun cas, elle puisse être soumise à la torture ni à des peines ou à des traitements inhumains ou dégradants. La peine de mort est abolie, exception faite des dispositions que pourront prévoir les lois pénales militaires en temps de guerre.

Art. 16. 1. La liberté idéologique, religieuse et des cultes des individus et des communautés est garantie; elle n'a pour seule limitation, dans ses manifestations, que celle qui est nécessaire au maintien de l'ordre public protégé par la loi.

2. Nul ne pourra être obligé à déclarer son idéologie, sa religion ou ses croyances.

3. Aucune confession n'aura le caractère de religion d'Etat. Les pouvoirs publics tiendront compte des croyances religieuses de la société espagnole et entretiendront de ce fait des relations de coopération avec l'Eglise catholique et les autres confessions.

Art. 17. 1. Toute personne a droit à la liberté et à la sécurité. Nul ne peut être privé de sa liberté si ce n'est compte tenu des dispositions du présent article et ça dans les cas et sous la forme prévus par la loi.

2. La garde à vue ne pourra pas durer plus que le temps strictement nécessaire pour réaliser les vérifications tendant à l'éclaircissement des faits et, en tout cas, le détenu devra être mis en liberté ou à la disposition de l'autorité judiciaire dans

le délai maximum de soixante-douze heures.

3. Toute personne détenue doit être informée immédiatement, et d'une façon qui lui soit compréhensible, de ses droits et des raisons de sa détention et ne peut pas être obligée à faire une déclaration.

L'assistance d'un avocat est garantie au détenu dans les enquêtes policières ou les poursuites judiciaires, dans les termes que la loi établira.

4. La loi définira une procédure d'habeas corpus pour mettre immédiatement à disposition judiciaire toute personne détenue illégalement. De même, la loi déterminera la durée maximum de la détention préventive.

Art. 18. 1. Le droit à l'honneur, à l'intimité personnelle et familiale et à sa propre image est garanti.

2. Le domicile est inviolable. Aucune irruption ou perquisition ne sera autorisée sans le consentement de celui qui y habite ou sans décision judiciaire, hormis en cas de flagrant délit.

3. Le secret des communications et, en particulier, des communications postales, télégraphiques et téléphoniques est garanti, sauf décision judiciaire.

4. La loi limitera l'usage de l'informatique pour garantir l'honneur et l'intimité personnelle et familiale des citoyens et le plein exercice de leurs droits.

Art. 19. Les Espagnols ont le droit de choisir librement leur résidence et de circuler sur le territoire national.

De même, ils ont le droit d'entrer en Espagne et d'en sortir librement dans les termes que la loi établira. Ce droit ne pourra pas être limité pour des motifs politiques ou idéologiques.

Art. 20. 1. On reconnaît et on protège le droit:

a) À exprimer et à diffuser librement les pensées, les idées et les opinions par la parole, l'écrit ou tout autre moyen de reproduction.
b) À la production et à la création littéraires, artistiques, scientifiques et techniques.
c) À la liberté d'enseignement en chaire.
d) À communiquer ou à recevoir librement une information véridique par n'importe quel moyen de diffusion. La loi définira le droit à l'invocation de la cause de conscience et au secret professionnel dans l'exercice de ces libertés.

2. L'exercice de ces droits ne peut pas être restreint par une forme quelconque de censure préalable.

3. La loi réglementera l'organisation et le contrôle parlementaire des moyens de communication sociale dépendant de l'Etat ou d'un organisme public et garantira l'accès à ces moyens aux groupes sociaux et politiques significatifs, dans le respect du pluralisme de la société et des différentes langues de l'Espagne.

4. Ces libertés sont limitées par le respect des droits reconnus au titre I, par les préceptes des lois qui le développent et, en particulier, par le droit à l'honneur, à l'intimité, à sa propre image et à la protection de la jeunesse et de l'enfance.

5. On ne pourra pas procéder à la saisie de publications, d'enregistrements et d'autres moyens d'information, sauf en vertu d'une décision judiciaire.

Art. 21. 1. Le droit de réunion pacifique et sans armes est reconnu. Une autorisation préalable ne sera pas nécessaire à l'exercice de ce droit.

2. Les autorités seront informées préalablement des réunions qui se dérouleront dans des lieux de circulation publique et des manifestations; elles ne pourront les interdire que si des raisons fondées permettent de prévoir que l'ordre public sera perturbé, mettant en danger des personnes ou des biens.

Art. 22. 1. Le droit d'association est reconnu.

2. Les associations qui poursuivent des fins ou utilisent des moyens définis comme constituant un délit sont illégales.

3. Les associations constituées en application du présent article devront s'inscrire dans un registre aux seuls effets de leur publicité.

4. Les associations ne pourront être dissoutes ou leurs activités suspendues qu'en vertu d'une décision judiciaire motivée.

5. Les associations secrètes et celles qui ont un caractère paramilitaire sont interdites.

Art. 23. 1. Les citoyens ont le droit de participer aux affaires publiques, directement ou par l'intermédiaire de représentants librement élus à des élections périodiques au suffrage universel.

2. De même, ils ont le droit d'accéder, dans des conditions d'égalité, aux fonctions et aux charges publiques, compte tenu des exigences que les lois détermineront.

Art. 24. 1. Toute personne a le droit d'obtenir la protection effective des juges et des tribunaux pour exercer ses droits et ses intérêts légitimes sans, qu'en aucun cas, cette protection puisse lui être refusée.

2. De même, toute personne a le droit d'aller devant le juge ordinaire déterminé

préalablement par la loi, de se défendre et de se faire assister par un avocat, d'être informée de l'accusation portée contre elle, d'avoir un procès public sans délais indus et avec toutes les garanties, d'utiliser les preuves nécessaires à sa défense, de ne pas faire de déclaration contre elle-même, de ne pas s'avouer coupable et d'être présumée innocente. La loi réglementera les cas dans lesquels, pour des raisons de parenté ou relevant du secret professionnel, une personne ne sera pas obligée à faire des déclarations sur des faits présumés délictueux.

Art. 25. 1. Nul ne peut être condamné ou sanctionné pour des actions ou des omissions qui, au moment où elles son commises, ne constituent pas un délit, une faute ou une infraction administrative, conformément à la législation en vigueur à cette date.

2. Les peines privatives de liberté et les mesures de sécurité seront orientées vers la rééducation et la réinsertion dans la société et ne pourront pas prescrire des travaux forcés. Le condamné à une peine de prison jouira, pendant l'accomplissement de celle-ci, des droits fondamentaux définis à ce chapitre, à l'exception de ceux qui sont expressément limités par le jugement qui le condamne, le sens de la peine et la loi pénitentiaire. Dans tous les cas, il aura droit à un travail rémunéré et aux prestations correspondantes de la sécurité sociale, ainsi qu'à l'accès à la culture et au plein épanouissement de sa personnalité.

3. L'administration civile ne pourra pas imposer des sanctions impliquant, de façon directe ou subsidiaire, une privation de liberté.

Art. 26. Dans le cadre de l'administration civile et des organisations professionnelles, les Tribunaux d'Honneur sont interdits.

Art. 27. 1. Toute personne a droit à l'éducation. La liberté d'enseignement est reconnue.

2. L'éducation aura pour objet le plein épanouissement de la personnalité humaine, dans le respect des principes démocratiques de coexistence et des droit et des libertés fondamentales.

3. Les pouvoirs publics garantissent aux parents le droit de donner à leurs enfants la formation religieuse et morale en accord avec leurs propres convictions.

4. L'enseignement primaire est obligatoire et gratuit.

5. Les pouvoirs publics garantissent à chacun le droit à l'éducation, par une programmation générale de l'enseignement, avec la participation effective de tous les secteurs intéressés et la création de centres d'enseignement.

6. La liberté de créer des centres d'enseignement, dans le respect des principes constitutionnels, est reconnue aux personnes physiques et juridiques.

7. Les professeurs, les parents et, s'il y a lieu, les élèves participeront au contrôle et à la gestion de tous les centres soutenus par l'Administration avec des fonds publics, dans les termes que la loi déterminera.

8. Les pouvoirs publics inspecteront et homologueront le système éducatif pour garantir le respect des lois.

9. Les pouvoirs publics aideront les centres d'enseignement qui réuniront les conditions que la loi établira.

10. L'autonomie des Universités est reconnue, dans les termes que la loi établira.

Art. 28. 1. Toute personne a le droit de se syndiquer librement. En ce qui concerne les Forces armées ou Instituts militaires ou les autres corps soumis à la discipline militaire, la loi pourra limiter l'exercice de ce droit ou les en exclure; pour ce qui est des fonctionnaires publics, la loi régira les particularités de son exercice. La liberté syndicale comprend le droit de créer des syndicats ou de s'affilier à celui de son choix, ainsi que le droit, pour les syndicats, d'établir des confédérations et d'instituer des organisations syndicales internationales ou de s'y affilier. Nul ne pourra être obligé à s'affilier à un syndicat.

2. Le droit de grève est reconnu aux travailleurs pour la défense de leurs intérêts. La loi régissant l'exercice de ce droit établira les garanties nécessaires pour assurer le maintien des services essentiels de la communauté.

Art. 29. 1. Tous les Espagnols jouiront du droit de pétition individuelle et collective, par écrit, sous la forme et avec les effets que la loi déterminera.

2. Les membres des Forces armées ou Instituts militaires ou des corps soumis à la discipline militaire ne pourront exercer ce droit qu'à titre individuel et conformément à leur législation propre.

SECTION 2.—DES DROITS ET DES DEVOIRS DE5 CITOYENS

Art. 30. 1. Les Espagnols ont le droit et le devoir de défendre l'Espagne.

2. La loi déterminera les obligations militaires des Espagnols et régira, avec les garanties pertinentes, l'objection de conscience ainsi que les autres causes d'exemption du service militaire obligatoire. Elle pourra imposer, s'il y a lieu, une prestation sociale qui se substituera à celui-ci.

3. Un service civil pourra être établi à des fins relevant de l'intérêt général.

4. Une loi pourra réglementer les devoirs des citoyens dans les cas de risque grave, de catastrophe ou de calamité publique.

Art. 31. 1. Toute personne contribuera aux dépenses publiques, en fonction de sa capacité économique, par un système fiscal juste fondé sur des principes d'égalité et de progressivité qui ne revêtira, en aucun cas, le caractère d'une confiscation.

2. Les dépenses publiques assureront une assignation équitable des ressources publiques et elles seront programmées et réalisées en fonction des principes d'efficacité et d'économie.

3. Les prestations personnelles ou patrimoniales de caractère public ne pourront être imposées que conformément à la loi.

Art. 32. 1. L'homme et la femme ont le droit de contracter mariage en pleine égalité juridique.

2. La loi déterminera les formes du mariage, l'âge et la capacité de le contracter, les droits et les devoirs des conjoints, les causes de séparation et de dissolution et leurs effets.

Art. 33. 1. Le droit à la propriété privée et à l'héritage est reconnu.

2. La fonction sociale de ces droits délimitera leur contenu, conformément aux lois.

3. Nul ne pourra être privé de ses biens et de ses droits, sauf pour une cause justifiée d'utilité publique ou d'intérêt social contre l'indemnité correspondante et conformément aux dispositions de la loi.

Art. 34. 1. Le droit de fondation est reconnu à des fins relevant de l'intérêt général, conformément à la loi.

2. Les dispositions de l'article 22, paragraphes 2 et 4, régiront également les fondations.

Art. 35. 1. Tous les Espagnols on le devoir de travailler et le droit au travail, au libre choix de leur profession ou de leur métier, à la promotion par le travail et à une rémunération suffisante pour satisfaire leurs besoins et ceux de leur famille, sans, qu'en aucun cas, ils puissent faire l'objet d'une discrimination pour des raisons de sexe.

2. La loi établira un statut des travailleurs.

Art. 36. La loi réglementera les particularités propres du régime juridique des ordres professionnels et l'exercice des professions diplômées. La structure interne et le fonctionnement des ordres devront être démocratiques.

Art. 37. 1. La loi garantira le droit à la négociation collective en matière de travail entre les représentants des travailleurs et des chefs d'entreprise, ainsi que le caractère contraignant des conventions.

2. On reconnaît aux travailleurs et aux chefs d'entreprise le droit de recourir au conflit collectif. La loi qui régira l'exercice de ce droit, sans préjudice des limitations qu'elle pourra établir, inclura les garanties nécessaires pour assurer le fonctionnement des services essentiels de la communauté.

Art. 38. La liberté d'entreprise est reconnue dans le cadre de l'économie de marché. Les pouvoirs publics garantissent et protègent son exercice et la défense de la productivité conformément aux exigences de l'économie générale et, s'il y a lieu, de la planification

CHAPITRE III

Des principes recteurs de la politique sociale et économique

Art. 39. 1. Les pouvoirs publics assurent la protection sociale, économique et juridique de la famille.

2. Les pouvoirs publics assurent également la protection intégrale des enfants, qui sont égaux devant la loi indépendamment de leur filiation, et celle de leur mère, quel que soit son état civil. La loi rendra possible la recherche de la paternité.

3. Les parents doivent prêter assistance dans tous les domaines a leurs enfants, qu'ils soient nés dans le mariage ou hors de celui-ci, pendant leur minorité et dans les autres cas que la loi déterminera.

4. Les enfants jouiront de la protection prévue par les accords internationaux qui veillent sur leurs droits.

Art. 40. 1. Les pouvoirs publics créeront les conditions favorables au progrès social et économique et a une distributions du revenu régional et personnel plus équitative, dans le cadre d'une politique de stabilité économique. Ils poursuivront, en particulier, une politique orientée vers le plein emploi.

2. En outre, les pouvoirs publics promouvront une politique qui assurera la formation et la réadaptation professionnelles; ils veilleront à la sécurité et à l'hygiène du travail et garantiront le repos nécessaire, par la limitation de la journée de travail, les congrès payés périodiques et la promotion de centres

appropriés.

Art. 41. Les pouvoirs publics assureront un régime public de sécurité sociale pour tous les citoyens qui garantira une assistance et des prestations sociales suffisantes dans les cas de nécessité, tout particulièrement en ce qui concerne le chômage. L'assistance et les prestations complémentaires seront facultatives.

Art. 42. L'Etat veillera tout particulièrement à la sauvegarde des droits économiques et sociaux des travailleurs espagnols à l'étranger et orientera sa politique vers leur retour.

Art. 43 1. Le droit à la protection de la santé est reconnu.

2. Il incombe aux pouvoirs publics d'organiser et de protéger la santé publique par des mesures préventives et les prestations et services nécessaires. La loi établira les droits et les devoirs de tous à cet égard.

3. Les pouvoirs publics encourageront l'éducation sanitaire, l'éducation physique et le sport. Ils faciliteront, en outre, l'utilisation appropriée des loisirs.

Art. 44. 1. Les pouvoirs publics encourageront et protégeront l'accès à la culture, à laquelle toute personne a droit.

2. les pouvoirs publics encourageront la science et la recherche scientifique et technique au profit de l'intérêt général.

Art. 45. 1. Toute personne a le droit de jouir d'un environnement approprié pour développer sa personnalité et elle a le devoir de le conserver.

2. Les pouvoirs publics veilleront à l'utilisation rationnelle de toutes les ressources naturelles, afin de protéger et améliorer la qualité de la vie et de défendre et restaurer l'environnement, en ayant recours à l'indispensable solidarité collective.

3. Ceux qui violeront les dispositions du paragraphe précédent seront soumis, dans les termes que la loi établira, à des sanctions pénales ou, s'il y a lieu, à des sanctions administratives et ils seront obligés de réparer les dommages causés.

Art. 46. Les pouvoirs publics garantiront la conservation et encourageront l'enrichissement du patrimoine historique, culturel et artistique des peuples d'Espagne et des biens qui le composent, quels que soient son régime juridique et son appartenance. La loi pénale sanctionnera les attentats contre ce patrimoine.

Art. 47. Tous les Espagnols ont le droit de disposer d'un logement digne et approprié. Les pouvoirs publics contribueront à créer les conditions nécessaires et établiront les normes adéquates pour rendre effectif ce droit, en réglementant l'utilisation du sol conformément à l'intérêt général pour empêcher la spéculation.

La communauté bénéficiera des plus-values qui procéderont des mesures en matière d'urbanisme adoptées par les organes publics.

Art. 48. Les pouvoirs public contribueront à créer les conditions qui assureront la participation libre et efficace de la jeunesse au développement politique, social, économique et culturel.

Art. 49. Les pouvoirs publics poursuivront une politique de prévision, de traitement, de réhabilitation et d'intégration des handicapés physiques, sensoriels et psychiques auxquels ils prêteront les soins spéciaux dont ils ont besoin et ils leur accorderont une protection particulière pour qu'ils jouissent des droits que le titre I reconnaît à tous les citoyens.

Art. 50. Les pouvoirs publics garantiront, moyennant le versement de pensions appropriées et périodiquement mises à jour, des ressources suffisantes aux citoyens du troisième âge. En outre, et indépendamment des obligations familiales, ils accroîtront leur bien-être par un système de services sociaux qui veilleront à leurs problèmes particuliers dans les domaines de la santé, du logement, de la culture et des loisirs.

Art. 51. 1. Les pouvoirs publics garantiront la défense des consommateurs et des usagers en protégeant, par des moyens efficaces, leur sécurité, leur santé et leurs intérêts économiques légitimes.

2. Les pouvoirs publics favoriseront l'information et l'éducation des consommateurs et des usagers, ils encourageront leurs organisations et les entendront sur les questions qui pourraient affecter leurs membres, dans les termes que la loi établira.

3. Dans le cadre des dispositions des deux paragraphes précédents, la loi réglementera le commerce intérieur et le régime d'autorisation de produits commerciaux.

Art. 52. La loi réglementera les organisations professionnelles qui contribuent à la défense des intérêts économiques qui leur sont propres. Leur structure interne et leur fonctionnement devront être démocratiques.

CHAPITRE IV

Des garanties des libertés et des droits fondamentaux

Art. 53. 1. Les droits et les libertés reconnus au chapitre deux du titre I sont contraignants pour tous les pouvoirs publics. Seule une loi qui, dans tous les cas, devra respecter leur contenu essentiel, pourra réglementer l'exercice de ces droits et de ces libertés qui seront protégés conformément aux dispositions de l'article 161, paragraphe 1, a).

2. Tout citoyen pourra demander la protection des libertés et des droits mentionnés à l'article 14 et à la section première du chapitre deux devant les tribunaux ordinaires, en se prévalant des principes de priorité et de la procédure sommaire et, le cas échéant, du recours individuel au Tribunal constitutionnel. Ce dernier recours sera applicable à l'objection de conscience, reconnue à l'article 30.

3. La reconnaissance, le respect et la protection des principes énoncés au chapitre trois inspireront la législation positive, la pratique judiciaire et l'action des pouvoirs publics. Ils ne pourront être allégués que devant la juridiction ordinaire, conformément aux dispositions des lois qui les développeront.

Art. 54. Une loi organique réglementera l'institution du défenseur du peuple. Haut mandataire des Cortes générales désigné par celles-ci pour défendre les droits figurant au titre I; à cette fin, il pourra superviser les activités de l'administration, faisant rapport aux Cortes générales.

CHAPITRE V

De la suspension des droits et des libertés

Art. 55. 1. Les droits reconnus aux articles 17 et 18, paragraphes 2 et 3, aux articles 19 et 20, paragraphes 1, a) et d) et 5, aux articles 21 et 28, paragraphe 2 et à l'article 37, paragraphe 2, pourront être suspendus dans les cas où il aura été convenu de déclarer l'état d'exception ou l'état de siège, dans les termes prévus dans la Constitution. En cas de déclaration de l'état d'exception, l'article 17, paragraphe 3, est excepté de ce qui a été établi précédemment.

2. Une loi organique pourra déterminer de quelle manière et dans quelles circonstances, à titre individuel et avec l'intervention judiciaire nécessaire et le contrôle parlementaire adéquat, les droits reconnus aux articles 17, paragraphe 2, et 18, paragraphes 2 et 3, peuvent être suspendus à l'égard de certaines personnes, pendant les enquêtes sur l'action de bandes armées ou de terroristes.

L'utilisation injustifiée ou abusive des facultés prévues par cette loi organique entraînera une responsabilité pénale pour violation des droits et des libertés reconnus par les lois.

TITRE II

De la Couronne

Art. 56. 1. Le Roi est le chef de l'Etat, symbole de son unité et de sa permanence. Il est l'arbitre et le modérateur du fonctionnement régulier des institutions, il assume la plus haute représentation de l'Etat espagnol dans les relations internationales, tout particulièrement avec les nations de sa communauté historique, et il exerce les fonctions que lui attribuent expressément la Constitution et les lois.

2. Son titre est celui de Roi d'Espagne et il pourra utiliser les autres titres qui reviennent à la Couronne.

3. La personne du Roi est inviolable et n'est pas soumise à responsabilité. Ses actes seront toujours contresignés dans la forme établie à l'article 64, faute de quoi ils ne seront pas valables, sauf en ce qui concerne les dispositions de l'article 65, paragraphe 2.

Art. 57. 1. La Couronne d'Espagne est héréditaire pour les successeurs de S. M. Juan Carlos I de Bourbon, héritier légitime de la dynastie historique. La succession au trône suivra l'ordre régulier de primogéniture et de représentation, la ligne antérieure étant toujours préférée aux postérieures; dans la même ligne, on précédera le degré le plus proche au plus lointain; au même degré, l'homme à la femme et, dans le même sexe, l'aîné au cadet.

2. Le Prince héritier, dès sa naissance ou dès qu'il aura été désigné comme tel, portera le titre de Prince des Asturies ainsi que les autres titres attachés traditionnellement au successeur de la Couronne d'Espagne.

3. Si toutes les lignes appelées à la succession en droit sont éteintes, les Cortes générales pourvoiront à la succession de la Couronne dans la forme qui conviendra le mieux aux intérêts de l'Espagne.

4. Les personnes qui, ayant droit à la succession au trône, contracteraient un mariage malgré l'interdiction expresse du Roi et des Cortes générales seront exclues de la succession à la Couronne ainsi que leurs descendants.

5. Les abdications et les renonciations et toute incertitude de fait ou de droit survenant dans l'ordre de succession à la Couronne seront résolues par une loi organique.

Art. 58. La Reine consort ou le consort de la Reine ne pourra pas assumer des fonctions constitutionnelles, sauf en ce qui concerne les dispositions sur la Régence.

Art. 59. 1. Si le Roi est mineur, le père ou la mère du Roi à défaut de ceux-ci, le parent majeur le plus proche dans l'ordre de succession à la Couronne, selon l'ordre établi par la Constitution, exercera immédiatement la Régence qui durera pendant la minorité du Roi.

2. Si le Roi est inhabile à exercer son autorité et que cette incapacité est reconnue par les Cortes générales, le Prince héritier de la Couronne, s'il est

majeur, exercera immédiatement la Régence. S'il ne l'est pas, on procédera de la manière prévue au paragraphe précédent, jusqu'à ce que le Prince héritier atteigne l'âge de la majorité.

3. Si aucune des personnes pressenties ne peut assumer la Régence, celle-ci sera désignée par les Cortes générales et elle sera composée d'une, trois ou cinq personnes.

4. Pour exercer la Régence, il faut être espagnol et majeur.

5. La Régence sera exercée par mandat constitutionnel et toujours au nom du Roi.

Art. 60. 1. Le tuteur du Roi mineur sera la personne que le Roi défunt aura nommée dans son testament, à condition qu'elle soit majeure et espagnole de naissance. Si le Roi ne l'a pas nommée, le tuteur sera le père ou la mère tant qu'ils resteront veufs. Dans les autres cas, les Cortes générales nommeront le tuteur, mais les fonctions de régent et de tuteur ne pourront être réunies que dans la personne du père, de la mère ou des ascendants directs du Roi.

2. L'exercice de la tutelle est également incompatible avec celui de toute charge ou représentation politique.

Art. 61. 1. Le Roi, au moment où il sera proclamé devant les Cortes générales, jurera de remplir fidèlement ses fonctions, d'observer et faire observer la Constitution et les lois et de respecter les droits des citoyens et des Communautés autonomes.

2. Le Prince héritier, dès sa majorité, et le Régent ou les Régents, au moment où ils prendront possession de leurs fonctions, prêteront le même serment et jureront fidélité au Roi.

Art. 62. Il incombe au Roi de:

a) Sanctionner et promulguer les lois.
b) Convoquer et dissoudre les Cortes générales et convoquer les élections selon les dispositions prévues dans la Constitution.
c) Convoquer un référendum dans les cas prévus par la Constitution.
d) Proposer le candidat au poste de Président du Gouvernement et, s'il y a lieu, le nommer et mettre fin à ses fonctions, dans les termes prévus par la Constitution.
e) Nommer et destituer les membres du Gouvernement, sur la proposition de son Président.
f) Expédier les décrets décidés en Conseil des ministres, conférer les emplois civils et militaires et décerner les honneurs et les distinctions, conformément aux lois.
g) Etre informé des affaires de l'État et présider, à cet effet, les séances du

Conseil des ministres, lorsqu'il le jugera opportun, à la demande du Président du Gouvernement.

h) Exercer le commandement suprême des Forces armées.

i) Exercer le droit de grâce conformément à la loi, laquelle ne pourra pas autoriser de grâces générales.

j) Exercer le haut patronage des Académies royales.

Art. 63. 1. Le Roi accrédite les ambassadeurs et autres représentants diplomatiques. Les représentants étrangers en Espagne sont accrédités auprès de lui.

2. Il incombe au Roi d'exprimer le consentement de l'Etat à souscrire à des engagements internationaux par des traités, conformément à la Constitution et aux lois.

3. Il incombe au Roi, après autorisation des Cortes générales, de déclarer la guerre et de conclure la paix.

Art. 64. 1. Les actes du Roi seront contresignés par le Président du Gouvernement et, s'il y a lieu, par les ministres compétents. Les actes par les quels le Roi propose et nomme le Président du Gouvernement et déclare la dissolution prévue à l'article 99 seront contresignés par le président du Congrès.

2. Les personnes qui contresigneront les actes du Roi en seront responsables.

Art. 65. 1. Le Roi reçoit sur les budgets de l'Etat une somme globale pour l'entretien de sa famille et de sa Maison et il la répartît librement.

2. Le Roi nomme et relève librement de leurs fonctions les membres civils et militaires de sa Maison.

TITRE III

Des Cortes générales

CHAPITRE PREMIER

Des Chambres

Art. 66. 1. Les Cortes générales représentent le peuple espagnol et se composent du Congrès des députés et du Sénat.

2. Les Cortes générales exercent le pouvoir législatif de l'Etat, adoptent ses budgets, contrôlent l'action du Gouvernement et remplissent les autres compétences que leur attribue la Constitution.

3. Les Cortes générales sont inviolables.

Art. 67. 1. Nul ne pourra être membre des deux Chambres simultanément, ni cumuler le siège de membre d'une assemblée de Communauté autonome avec celui de député au Congrès.

2. Les membres des Cortes générales ne seront pas liés par un mandat impératif.

3. Les réunions des parlementaires qui auront lieu sans convocation réglementaire ne seront pas contraignantes pour les Chambres et leurs membres ne pourront pas, dans ces réunions, exercer leurs fonctions ni se réclamer de leurs privilèges.

Art. 68. 1. Le Congrès se compose au minimum de 300 et au maximum de 400 députés, élus au suffrage universel, libre, égalitaire, direct et secret, dans les termes que la loi établira.

2. La circonscription électorale est la province. Les villes de Ceuta et Melilla seront représentées chacune par un député. La loi déterminera le nombre total de députés, assignera une représentation minimale initiale à chaque circonscription et répartira les autres proportionnellement à la population.

3. Les élections se dérouleront dans chaque circonscription sur la base de la représentation proportionnelle.

4. Le Congrès est élu pour quatre ans. Le mandat des députés expire quatre ans après leur élection ou le jour de la dissolution de la Chambre.

5. Tous les Espagnols jouissant pleinement de leurs droits politiques sont électeurs et éligibles.

La loi reconnaîtra et l'Etat facilitera l'exercice du droit de suffrage aux Espagnols qui se trouvent hors du territoire de l'Espagne.

6. Les élections auront lieu entre les trente et les soixante jours qui suivront la fin du mandat. Le Congrès élu devra être convoqué dans les vingt-cinq jours qui suivront les élections.

Art. 69. 1. Le Sénat est la Chambre de représentation territoriale.

2. Dans chaque province quatre sénateurs seront élus au suffrage universel, libre, égalitaire, direct et secret par les votants de chacune d'elles, dans les termes que définira une loi organique.

3. Dans les provinces insulaires, chaque île ou groupe d'îles ayant un "cabildo" ou conseil insulaire constituera une circonscription aux effets de l'élection des sénateurs; trois sénateurs seront élus dans chacune des grandes îles —Grande

Canarie, Majorque et Tenerife— et un sénateur dans chacune des îles ou groupes d'îles suivants: Ibiza-Formentera, Minorque, Fuerteventura, Gomera, Hierro, Lanzarote et La Palma.

4. Les villes de Ceuta et Melilla éliront chacune deux sénateurs.

5. Les Communautés autonomes désigneront, en outre, un sénateur, en plus de celui qu'elles désignent pour chaque million d'habitants de leur territoire respectif. La désignation incombera à l'assemblée législative ou, en son absence, à l'organe collégial supérieur de la Communauté autonome, conformément aux dispositions des statuts qui assureront, dans tous les cas, la représentation proportionnelle adéquate.

6. Le Sénat est élu pour quatre ans. Le mandat des sénateurs expire quatre ans après leur élection ou le jour de la dissolution de la Chambre.

Art. 70. 1. La loi électorale déterminera les causes d'inéligibilité et d'incompatibilité des députés et des sénateurs; ne pourront être élus en aucun cas:

a) Les membres du Tribunal constitutionnel.
b) Les hauts fonctionnaires de l'Administration de l'Etat que la loi déterminera, à l'exception des membres du Gouvernement.
c) Les défenseurs du peuple.
d) Les magistrats, juges et procureurs en service actif.
e) Les militaires professionnels et les membres des forces et des corps de sûreté et de la police en service actif.
f) Les membres des comités électoraux.

2. La validité des nominations des membres des deux Chambres et des titres certifiant leur nomination sera soumise au contrôle judiciaire, dans les termes que la loi électorale établira.

Art. 71. 1. Les députés et les sénateurs jouiront de la prérogative de l'inviolabilité pour les opinions exprimées dans l'exercice de leurs fonctions.

2. Pendant la durée de leur mandat, les députés et les sénateurs jouiront également de l'immunité et ne pourront être détenus qu'en cas de flagrant délit. Ils ne pourront pas être inculpés ni poursuivis en justice sans l'autorisation préalable de leur Chambre.

3. Dans les procès contre des députés et des sénateurs, la Chambre compétente sera la Chambre criminelle du Tribunal suprême.

4. Les députés et les sénateurs percevront un traitement qui sera fixé par leurs Chambres respectives.

Art. 72. 1. Les Chambres établissent leurs propres règlements, adoptent de façon autonome leurs budgets et déterminent, d'un commun accord, le statut du personnel des Cortes générales. Les règlements et leurs amendements seront soumis à un vote final sur l'ensemble qui devra réunir la majorité absolue.

2. Les Chambres élisent leurs présidents respectifs et les autres membres de leurs bureaux. Les séances conjointes seront présidées par le président du Congrès et seront régies par un règlement des Cortes générales adopté à la majorité absolue des membres de chaque Chambre.

3. Les présidents des Chambres exercent, au nom de celles-ci, tous les pouvoirs administratifs et les fonctions de police à l'intérieur de leurs sièges respectifs.

Art. 73. 1. Les Chambres se réuniront annuellement en deux sessions ordinaires: la première de septembre à décembre et la seconde de février à juin.

2. Les Chambres pourront se réunir en sessions extraordinaires à la demande du Gouvernement, de la députation permanente ou de la majorité absolue des membres de l'une d'entre elles. Les sessions extraordinaires devront être convoquées pour examiner un ordre du jour déterminé et elles seront closes dès que celui-ci sera épuisé.

Art. 74. 1. Les Chambres se réuniront en séances conjointes, afin d'exercer les compétences qui ne revêtent pas un caractère législatif et que le titre II attribue expressément aux Cortes générales.

2. Les décisions des Cortes générales prévues aux articles 94, paragraphe 1, 145, paragraphe 2, et 158, paragraphe 2, seront adoptées à la majorité de chacune des Chambres. Dans le premier cas, le processus commencera par le Congrès et dans les deux autres par le Sénat. Dans les deux éventualités, s'il n'y a pas accord entre le Congrès et le Sénat, une commission mixte, comprenant un nombre égal de députés et de sénateurs, s'efforcera de l'obtenir. La commission présentera un texte qui sera voté par les deux Chambres. Si celui-ci n'est pas adopté dans la forme établie, le Congrès en décidera à la majorité absolue.

Art. 75. 1. Les Chambres se réuniront en séances plénières et en commissions.

2. Les Chambres pourront déléguer aux commissions législatives permanentes l'adoption de projets ou de propositions de loi. Cependant, les Chambres, réunies en séance plénière, pourront à tout moment demander qu'un débat et un vote aient lieu sur n'importe quel projet ou proposition de loi qui aurait fait l'objet de cette délégation.

3. La révision constitutionnelle, les questions internationales, les lois organiques et les lois-cadres ainsi que les budgets généraux de l'Etat sont exceptés des dispositions du paragraphe précédent.

Art. 76. 1. Le Congrès et le Sénat et, s'il y a lieu, les deux Chambres conjointement, pourront nommer des commissions d'enquête sur toute question d'intérêt public. Leurs conclusions ne seront pas contraignantes pour les tribunaux et n'affecteront pas les décisions judiciaires; le résultat de l'enquête pourra être, toutefois, communiqué au ministère public qui prendra, le moment venu, les mesures opportunes.

2. La comparution, à la demande des Chambres, sera obligatoire. La loi définira les sanctions qui pourront être imposées en cas de manquement à cette obligation.

Art. 77. 1. Les Chambres peuvent recevoir des requêtes individuelles et collectives, toujours sous forme écrite. Leur présentation directe par des manifestations de citoyens est interdite.

2. Les Chambres peuvent remettre au Gouvernement les requêtes qu'elles reçoivent. Le Gouvernement sera oblige de s'expliquer sur leur contenu chaque fois que les Chambres l'exigeront.

Art. 78. 1. Chaque Chambre disposera d'une députation permanente composée au minimum de vingt et un membres qui représenteront les groupes parlementaires, proportionnellement à leur importance numérique.

2. Les députations permanentes seront présidées par le président de leur Chambre respective. Elles auront pour fonctions de mener à bien celles qui sont prévues à l'article 73, d'assumer les facultés qui incombent aux Chambres, conformément aux articles 86 et 116 au cas où celles-ci auraient été dissoutes ou que leur mandat aurait expiré et de veiller aux pouvoirs des Chambres lorsqu'elles ne sont pas réunies.

3. Lorsque le mandat des Chambres expire ou que celles-ci sont dissoutes, les députations permanentes continueront à exercer leurs fonctions jusqu'à la constitution des nouvelles Cortes générales.

4. Lorsque la Chambre dont elle émane se réunira, la députation permanente rendra compte des questions qu'elle aura traitées et de ses décisions.

Art. 79. 1. Pour adopter des décisions, les Chambres doivent être réunies de façon réglementaire et la majorité de leurs membres doivent être présents.

2. Ces décisions, pour être valides, devront être adoptées à la majorité des membres présents, sans préjudice des majorités spéciales que la Constitution ou les lois organiques déterminent et de celles que les règlements des Chambres établissent pour l'élection de personnes.

3. Le vote des sénateurs et des députés est personnel et ne peut être délégué.

Art. 80. Les séances plénières des Chambres seront publiques, sauf décision contraire de chaque Chambre, prise à la majorité absolue ou conformément au règlement.

CHAPITRE II

De l'élaboration des Lois

Art. 81. 1. Les lois organiques sont celles qui se réfèrent au développement des droits fondamentaux et des libertés publiques, celles qui approuvent les statut d'autonomie et le régime électoral général ainsi que les autres lois prévues dans la Constitution.

2. Les lois organiques seront adoptées, modifiées ou abrogées par la majorité absolue des membres du Congrès, par un vote final sur l'ensemble du projet.

Art. 82. 1. Les Cortes générales pourront déléguer au Gouvernement le pouvoir de décréter des normes ayant force de loi sur des matières déterminées ne figurant pas à l'article 81.

2. La délégation législative devra être octroyée par une loi-cadre lorsqu'elle aura pour objet d'élaborer des textes articulés ou par une loi ordinaire lorsqu'il s'agira de refondre plusieurs textes législatifs en un seul.

3. La délégation législative devra être conférée au Gouvernement de façon expresse pour chaque cas précis et pour un délai déterminé. La délégation prend fin dès que le Gouvernement, après en avoir fait usage, publie la norme correspondante. Elle ne pourra être considérée comme étant accordée de façon implicite ou pour un temps indéterminé. La sous-délégation à des autorités autres que le Gouvernement lui-même ne pourra pas non plus être autorisée.

4. Les lois-cadres délimiteront avec précision l'objet et la portée de la délégation législative et les principes et les critères qui doivent présider à l'usage qui en est fait.

5. L'autorisation de refondre des textes légaux déterminera le cadre normatif auquel se réfère le contenu de la délégation et spécifiera s'il se limite à la simple élaboration d'un texte unique ou s'il comprend la réglementation, la clarification et l'harmonisation des textes légaux qui doivent être refondus.

6. Sans nuire à la compétence propre des tribunaux, les lois de délégation pourront définir, dans chaque cas, des formule additionnelles de contrôle.

Art. 83. Les lois-cadres ne pourront en aucun cas:

a) Autoriser la modification de la loi-cadre elle-même.
b) Habiliter à dicter des normes ayant un caractère rétroactif.

Art. 84. Si une proposition de loi ou un amendement est contraire à une délégation législative en vigueur, le Gouvernement pourra s'opposer à son cours. Dans ce cas, on pourra présenter une proposition de loi, en vue de l'abrogation totale ou partielle de la loi de délégation.

Art. 85. Les dispositions du Gouvernement qui contiendront une législation déléguée seront appelées décrets législatifs.

Art. 86 1. En cas de besoin extraordinaire et urgent, le Gouvernement pourra décréter des dispositions législatives provisoires qui prendront la forme de décrets-lois et qui ne pourront pas affecter l'ordonnance des institutions fondamentales de l l´Etat, les droits, les devoirs et les libertés des citoyens, régis par le titre I, le régime des Communautés autonomes ni le droit électoral général.

2. Les décrets-lois devront être immédiatement soumis au Congrès des députés qui sera convoqué à cet effet, s'il n'est pas en session. Le Congrès procédera à un débat et à un vote sur l'ensemble des décrets-lois dans le délai de trente jours suivant leur promulgation. Il devra se prononcer expressément dans ledit délai sur leur ratification ou leur abrogation; le règlement établira, à cette fin, une procédure spéciale et sommaire.

3. Pendant le délai fixé au paragraphe deux, les Cortes pourront donner cours aux décrets-lois selon la procédure d'urgence, comme dans le cas de projets de loi.

Art. 87. 1. L'initiative en matière législative incombe au Gouvernement, au Congrès et au Sénat, conformément à la Constitution et aux règlements des Chambres.

2. Les assemblées des Communautés autonomes pourront demander au Gouvernement d'adopter un projet de loi ou transmettre au bureau du Congrès une proposition de loi, en déléguant, pour la défendre devant cette Chambre, trois membres au maximum de l'assemblée.

3. Pour la présentation de propositions de lois, une loi organique définira comment l'initiative populaire sera exercée et dans quelles conditions. De toute façon, au moins 500.000 signatures accréditées seront nécessaires. L'initiative ne s'appliquera pas aux matières propres de la loi organique, aux questions fiscales ou de caractère international, ni à la prérogative de grâce.

Art. 88. 1. Les projets de loi seront adoptés en Conseil des ministres qui les soumettra au Congrès accompagnés d'un exposé des motifs et des antécédents qui seront nécessaires pour se prononcer a leur égard.

Art. 89. 1. Le cours à donner aux propositions de loi sera établi par les règlements des Chambres, sans que la priorité due aux projets de loi empêche l'exercice de l'initiative législative dans les termes définis à l'article 87.

2. Les propositions de loi que le Sénat prendra en considération, conformément à l'article 87, seront transmises au Congrès a fin d'y suivre leur cours en tant que telles.

Art. 90. 1. Dès qu'un projet de loi ordinaire ou de loi organique aura été approuvé par le Congrès des députés, son président en rendra compte aussitôt au président du Sénat qui le soumettra à la délibération de celui-ci.

2. Le Sénat, dans le délai de deux mois à partir du jour de la réception du texte, peut, par un message motivé, lui opposer son veto ou y apporter des amendements. Le veto devra être approuvé à la majorité absolue. Le projet ne pourra pas être soumis au Roi pour qu'il le sanctionne à moins, qu'en cas de veto, le Congrès ne ratifie le texte initial à la majorité absolue ou à la majorité simple, une fois écoulé le délai de deux mois suivant la présentation du veto, ou ne se prononce sur les amendements, en les acceptant ou en les rejetant à la majorité simple.

3. Le délai de deux mois dont dispose le Sénat pour rejeter ou amender le projet sera réduit à vingt jours naturels pour les projets que le Gouvernement ou le Congrès des députés auront déclarés urgents.

Art. 91. Le Roi sanctionnera, dans un délai de quinze jours, les lois approuvées par les Cortes générales; il les promulguera et ordonnera leur publication immédiate.

Art. 92. 1. Les décisions politiques d'une importance spéciale pourront être soumises à tous les citoyens par la voie d'un référendum consultatif.

2. Le Roi convoquera le référendum sur la proposition du Président du Gouvernement, autorisée préalablement par le Congrès des députés.

3. Une loi organique définira les conditions et la procédure des différentes modalités de référendum prévues dans la Constitution.

CHAPITRE III

Des traités internationaux

Art. 93. Une loi organique pourra autoriser la conclusion de traités attribuant à une organisation ou à une institution internationale l'exercice de compétences dérivées de la Constitution. Il incombe aux Cortes générales ou au Gouvernement, selon les cas, de garantir l'exécution de ces traités et des résolutions émanant des organismes internationaux ou supranationaux qui bénéficient de la cession de compétences.

Art. 94. 1. Avant de s'engager par des traités ou par des accords, l'Etat devra être autorisé préalablement par les Cortes générales dans les cas suivants:

a) Traités à caractère politique.
b) Traités ou accords à caractère militaire.
c) Traités ou accords qui affectent l'intégrité territoriale de l'Etat ou les droits et les devoirs fondamentaux établis au titre I.
d) Traités ou accords qui impliquent des obligations financières pour les Finances publiques.
e) Traités ou accords qui entraînent la modification ou l'abrogation d'une loi ou exigent l'adoption de mesures législatives pour leur exécution.

2. Le Congrès et le Sénat seront immédiatement informés de la conclusion des autres traités ou accords.

Art. 95. 1. La conclusion d'un traité international contenant des dispositions contraires à la Constitution devra être précédée d'une révision de celle-ci.

2. Le Gouvernement ou l'une ou l'autre Chambre peut faire appel au Tribunal constitutionnel pour qu'il déclare s'il y a ou non contradiction.

Art. 96. 1. Les traités internationaux conclu de façon valable et une fois publiés officiellement en Espagne feront partie de l'ordre juridique interne. Leurs dispositions ne pourront être abrogées, modifiées ou suspendues que sous la forme prévue dans les traités eux-mêmes ou conformément aux normes générales du droit international.

2. Pour dénoncer les traités et accords internationaux, on suivra la même procédure que celle qui est prévue pour leur approbation à l'article 94.

TITRE IV

Du Gouvernement et de l'Administration

Art. 97. Le Gouvernement dirige la politique intérieure et extérieure, l'administration civile et militaire et la défense de l'Etat. Il exerce le pouvoir exécutif et celui de réglementer conformément à la Constitution et aux lois.

Art. 98. 1. Le Gouvernement se compose du Président, le cas échéant des vice-présidents, des ministres et des autres membres que la loi déterminera.

2. Le Président dirige l'action du Gouvernement et coordonne les fonctions de

ses autres membres, sans préjudice de la compétence et de la responsabilité directe de ceux-ci dans leur gestion.

3. Les membres du Gouvernement ne pourront exercer d'autres fonctions représentatives que celles qui sont propres du mandat parlementaire, aucune autre fonction publique que celle découlant de leur charge, ni aucune activité professionnelle ou commerciale.

4. La loi définira le statut et les incompatibilités des membres du Gouvernement.

Art. 99. 1. Après chaque rénovation du Congrès des députés et dans les autres cas prévus à cet effet par la Constitution, le Roi, après consultation des représentants désignés par les groupes politiques ayant une représentation parlementaire, proposera, par l'intermédiaire du président du Congrès, un candidat à la Présidence du Gouvernement.

2. Le candidat proposé conformément aux dispositions du paragraphe 1 exposera devant le Congrès des députés le programme politique du Gouvernement qu'il entend former et demandera la confiance de la Chambre.

3. Si le Congrès des députés accorde à la majorité absolue de ses membres la confiance au candidat, le Roi le nommera Président. Si cette majorité n'est pas atteinte, la même proposition fera l'objet d'un nouveau vote quarante-huit heures après le premier et l'on considérera que la confiance a été accordée si elle a réuni la majorité simple.

4. Si, après avoir procédé aux votes mentionnés, la confiance n'est pas accordée pour l'investiture, des propositions successives seront présentées sous la forme prévue aux paragraphes précédents.

5. Si dans le délai de deux mois à partir du premier vote d'investiture aucun candidat n'a obtenu la confiance du Congrès, le Roi, avec le contreseing du président du Congrès, dissoudra les deux Chambres et convoquera de nouvelles élections.

Art. 100. Les autres membres du Gouvernement seront nommés et destitués par le Roi sur la proposition de son Président.

Art. 101. 1. Le Gouvernement est démissionnaire à l'issue des élections générales, dans les cas de perte de la confiance parlementaire, prévus par la Constitution, ou à la suite de la démission ou du décès de son Président.

2. Le Gouvernement démissionnaire continuera à exercer ses fonctions jusqu'à l'installation du nouveau Gouvernement.

Art. 102. 1. Le Président et les autres membres du Gouvernement seront responsables, s'il y a lieu, en matière criminelle, devant la Chambre criminelle du

Tribunal suprême.

2. Si l'accusation se réfère à un cas de trahison ou à tout autre délit contre la sûreté de l'Etat commis dans l'exercice de leurs fonctions, elle ne pourra être portée que sur l'initiative du quart des membres du Congrès et avec l'approbation de la majorité absolue de celui-ci.

3. La prérogative royale de grâce ne sera applicable à aucun des cas mentionnés au présent article.

Art. 103. 1. L'Administration publique sert avec objectivité les intérêts généraux et agit conformément aux principes d'efficacité, hiérarchie, décentralisation, déconcentration et coordination et se soumet pleinement à l'a loi et au droit.

2. Les organes de l'Administration de l'Etat sont créés, régis et coordonnés conformément à la loi.

3. La loi définira le statut des fonctionnaires publics et réglementera l'accès à la fonction publique conformément aux principes de mérite et de capacité, les conditions particulières dans lesquelles les fonctionnaires peuvent exercer le droit de se syndiquer, le système d'incompatibilités et les garanties d'impartialité dans l'exercice de leurs fonctions.

Art. 104. 1. Les forces et les corps de sécurité, sous la dépendance du Gouvernement, auront pour mission de protéger le libre exercice des droits et des libertés et de garantir la sécurité des citoyens.

2. Une loi organique déterminera les fonctions, les principes d'action fondamentaux et les statuts des forces et des corps de sécurité.

Art. 105. La loi réglementera:

a) Le droit des citoyens d'être entendus directement ou par l'intermédiaire des organisations et des associations reconnues par la loi, au cours de l'élaboration des dispositions administratives qui les concernent.
b) L'accès des citoyens aux archives et aux registres administratifs, sauf dans les cas concernant la sécurité et la défense de l'Etat, l'enquête sur des délits et l'intimité des personnes.
c) La procédure que doivent suivre les actes administratifs et qui garantira, s'il y a lieu, à l'intéressé le droit d'être entendu.

Art. 106. 1. Les tribunaux contrôlent le pouvoir de réglementation et la légalité de l'action administrative, ainsi que la soumission de celle-ci aux fins qui la justifient.

2. Les particuliers, selon les termes établis par la loi, auront le droit d'être indemnisés pour tout dommage causé à leurs biens et à leurs droits, sauf dans les cas de force majeure, chaque fois que ce dommage sera la conséquence du

fonctionnement des services publics.

Art. 107. Le Conseil d'Etat est l'organe consultatif suprême du Gouvernement. Une loi organique réglementera sa composition et ses compétences.

TITRE V

Des relations entre le Gouvernement et les Cortes générales

Art. 108. Le Gouvernement est solidairement responsable de sa gestion politique devant le Congrès des députés.

Art. 109. Les Chambres et leurs commissions pourront, par l'intermédiaire de leurs présidents, demander les informations et l'aide dont elles ont besoin au Gouvernement et à ses départements et à n'importe quel autre organe de l'Etat et des Communautés autonomes.

Art. 110. 1. Les Chambres et leurs commissions peuvent réclamer la présence des membres du Gouvernement.

2. Les membres du Gouvernement ont accès aux séances des Chambres et à leurs commissions et ont le droit de s'y faire entendre; ils pourront demander que des fonctionnaires de leurs départements les informent.

Art. 111. 1. Le Gouvernement et chacun de ses membres sont soumis aux interpellations et aux questions que leur formulent les membres des Chambres. Leur règlement réservera un temps minimum hebdomadaire à ce type de débat.

2. Toute interpellation pourra donner lieu à une motion par laquelle la Chambre fera connaître sa position.

Art. 112. Le Président du Gouvernement, après délibération du Conseil des Ministres, peut poser au Congrès des députés la question de confiance sur son programme ou sur une déclaration de politique générale. On considérera que la confiance lui a été accordée lorsque la majorité simple des députés se sera prononcée en sa faveur.

Art. 113. 1. Le Congrès des députés peut mettre en jeu la responsabilité politique du Gouvernement en adoptant à la majorité absolue une motion de censure.

2. La motion de censure devra être proposée au moins par le dixième des députés et elle devra inclure le nom d'un candidat à la Présidence du Gouvernement.

3. La motion de censure ne pourra pas être votée avant l'expiration d'un délai de cinq jours à partir de la date de son dépôt. Des motions alternatives seront admises pendant les deux premiers jours.

4. Si la motion de censure n'est pas adoptée par le Congrès, ses signataires ne pourront pas en présenter une autre pendant la même session.

Art. 114. 1. Si le Congrès refuse sa confiance au Gouvernement, celui-ci présentera sa démission au Roi. On procédera ensuite à la désignation du Président du Gouvernement, conformément aux dispositions de l'article 99.

2. Si le Congrès adopte une motion de censure, le Gouvernement présentera sa démission au Roi et l'on considérera que le candidat désigné dans la motion a reçu l'investiture de la Chambre aux effets prévus à l'article 99. Le Roi le nommera Président du Gouvernement.

Art. 115. 1. Le Président du Gouvernement, après délibération du Conseil des Ministres, et sous sa seule responsabilité, pourra proposer la dissolution du Congrès, du Sénat ou des Cortes générales qui sera décrétée par le Roi. Le décret de dissolution fixera la date des élections.

2. Le proposition de dissolution ne pourra pas être présentée lorsqu'une motion de censure est en cours.

3. On ne pourra pas procéder à une nouvelle dissolution avant que ne se soit écoulé le délai d'une année à partir de la dissolution précédente, exception faite des dispositions de l'article 99, paragraphe 5.

Art. 116. 1. Une loi organique réglementera l'état d'alerte, l'état d'exception et l'état de siège, ainsi que les compétences et les limitations correspondantes.

2. L'état d'alerte sera déclaré par le Gouvernement par un décret pris en Conseil des ministres pour une période maximum de quinze jours. Il en sera rendu compte au Congrès des députés qui se réunira immédiatement à cet effet et sans l'autorisation duquel ce délai ne pourra pas être prorogé. Le décret déterminera le territoire auquel l'état d'alerte s'appliquera.

3. L'état d'exception sera déclaré par le Gouvernement par un décret pris en Conseil des ministres, après autorisation du Congrès des députés. L'autorisation et la proclamation de l'état d'exception devront déterminer expressément les effets de celui-ci, le territoire auquel il s'applique et sa durée, qui ne pourra pas excéder une période de trente jours renouvelable pour la même durée et dans les mêmes conditions.

4. L'état de siège sera déclaré par le Congrès des députés à la majorité de ses membres, sur la proposition exclusive du Gouvernement. Le Congrès

déterminera le territoire auquel il s'applique, sa durée et ses conditions.

5. On ne pourra pas procéder à la dissolution du Congrès aussi longtemps que seront en vigueur l'état d'alerte, l'état d'exception ou l'état de siège. Les Chambres seront automatiquement convoquées au cas où elles ne seraient pas en session. Leur fonctionnement ainsi que celui des autres pouvoirs constitutionnels de l'Etat ne pourront pas être interrompus tant que seront en vigueur les états mentionnés.

Lorsque le Congrès a été dissout ou que son mandat a expiré, si la situation exige que soit déclaré l'un des états indiqués, les compétences du Congrès seront assumées par sa délégation permanente.

6. La déclaration de l'état d'alerte, de l'état d'exception et de l'état de siège ne modifiera pas le principe de la responsabilité du Gouvernement et de ses agents reconnu dans la Constitution et dans la loi.

TITRE VI

Du pouvoir judiciaire

Art. 117. 1. La justice émane du peuple et elle est administrée au nom du Roi par des juges et des magistrats qui relèvent du pouvoir judiciaire et qui sont indépendants, inamovibles, responsables et soumis exclusivement à l'empire de la loi.

2. Les juges et les magistrats ne pourront être destitués, suspendus, transférés ou mis à la retraite que pour l'une des causes et avec les garanties prévues par la loi.

3. L'exercice du pouvoir juridictionnel, dans tous les types de procès, aussi bien pour rendre un jugement que pour le faire exécuter, incombe exclusivement aux tribunaux unipersonnels et pluripersonnels déterminés par les lois, selon les normes de compétence et de procédure que celles-ci établissent.

4. Les tribunaux unipersonnels et pluripersonnels n'exerceront pas d'autres fonctions que celles indiquées au paragraphe précédent et celles qui leur seront expressément attribuées par la loi en garantie de n'importe quel droit.

5. Le principe de l'unité juridictionnelle est la base de l'organisation et du fonctionnement des tribunaux. La loi réglementera l'exercice de la juridiction militaire dans le domaine strictement limité à l'armée et dans le cas d'un état de siège, conformément aux principes de la Constitution.

6. Les tribunaux d'exception sont interdits.

Art. 118. Il est obligatoire de respecter les sentences et autres décisions fermes des tribunaux unipersonnels et pluripersonnels ainsi que d'apporter la collaboration requise par ceux-ci pendant le procès et dans l'exécution de leur verdict.

Art. 119. La justice sera gratuite lorsque la loi l'établira et, dans tous les cas, pour tous ceux qui justifieront l'insuffisance de leurs ressources pour passer en justice.

Art. 120. 1. Les actes judiciaires seront publics, hormis les exceptions prévues par les lois sur la procédure.

2. La procédure sera principalement orale, surtout en matière criminelle.

3. Les sentences seront toujours motivées et seront prononcées en audience publique.

Art. 121. Les dommages causés par une erreur judiciaire ainsi que ceux qui seront la conséquence du fonctionnement anormal de l'administration de la justice donneront droit à une indemnité à la charge de l'Etat, conformément à la loi.

Art. 122. 1. La loi organique du pouvoir judiciaire déterminera la constitution, le fonctionnement et le gouvernement des tribunaux, unipersonnels et pluripersonnels ainsi que le statut juridique des juges et des magistrats de carrière, qui formeront un corps unique, et du personnel au service de l'administration de la justice.

2. Le Conseil général du pouvoir judiciaire est l'organe de gouvernement de ce dernier. La loi organique définira son statut, le régime d'incompatibilités de ses membres et leurs fonctions, en particulier, en ce qui concerne les nominations, les promotions, les inspections et le régime disciplinaire.

3. Le Conseil général du pouvoir judiciaire sera formé par le Président du Tribunal suprême qui le présidera et par vingt membres nommés par le Roi pour une période de cinq ans: douze de ces membres seront choisis parmi des juges et des magistrats de toutes les catégories judiciaires, conformément aux dispositions de la loi organique, quatre sur la proposition du Congrès des députés et quatre sur celle du Sénat. Dans les deux cas, ils seront élus à la majorité des trois cinquièmes des membres parmi des avocats et autres juristes dont la compétence est reconnue et qui exercent leur profession depuis plus de quinze ans.

Art. 123. 1. Le Tribunal suprême, dont la juridiction s'étend à toute l'Espagne, est l'organe judiciaire supérieur dans tous les domaines, sauf en ce qui concerne les dispositions sur les garanties constitutionnelles.

2. Le président du Tribunal suprême sera nommé par le Roi, sur la proposition du Conseil général du pouvoir judiciaire, sous la forme que la loi déterminera.

Art.124. 1. Le ministère public, sans préjudice des fonctions confiées à d´autres organes, a pour mission de promouvoir l´action de la justice en défense de la légalité, des droits des citoyens et de l'intérêt public protégé par la loi, d'office ou à la demande des intéressés, de veiller à l'indépendance des tribunaux et d'obtenir devant ceux-ci la satisfaction de l'intérêt social.

2. Le ministère public exerce ses fonctions par l'intermédiaire des ses propres organes conformément aux principes de l'unité d'action et de la dépendance hiérarchique et, dans tous les cas, à ceux de la légalité et de l'impartialité.

3. La loi définira le statut organique du ministère public.

4. Le Procureur général de l'Etat sera nommé par le Roi, sur proposition du Gouvernement, et après consultation du Conseil général du pouvoir judiciaire.

Art. 125. Les citoyens pourront exercer l'action populaire et participer à l'administration de la justice grâce à l'institution du jury, sous la forme et pour les procès à caractère pénal que la loi déterminera, ainsi que devant les tribunaux coutumiers et traditionnelles.

Art. 126. La police judiciaire dépend des juges, des tribunaux et du ministère public en ce qui concerne la recherche du délit et la découverte et arrestation du délinquant, dans les termes que la loi établira.

Art. 127. 1. Les juges et les magistrats, ainsi que les procureurs, tant qu'ils seront en service actif, ne pourront pas exercer d'autres fonctions publiques ni appartenir à des partis politiques ou à des syndicats. La loi établira le système et les modalités d'association professionnelle des juges, magistrats et procureurs.

2. La loi définira le régime des incompatibilités des membres du pouvoir judiciaire qui devra assurer leur complète indépendance.

TITRE VII

De l'économie et des finances

Art. 128. 1. Toute la richesse du pays dans ses différentes formes et quel que soit son appartenance est subordonnée à l'intérêt général.

2. L'initiative publique est reconnue dans l'activité économique. Une loi pourra réserver au secteur public des ressources ou des services essentiels, tout particulièrement en cas de monopole, et décider également le contrôle d'entreprises lorsque l'intérêt général l'exigera.

Art. 129. 1. La loi établira les formes de participation des intéressés à la sécurité sociale et aux activités des organismes publics dont la fonction touche directement la qualité de la vie ou le bien-être général.

2. Les pouvoirs publics encourageront de manière efficace les différentes formes de participation à l'entreprise et favoriseront, par une législation adéquate, les sociétés coopératives. Ils créeront aussi les moyens qui faciliteront l'accès des travailleurs à la propriété des moyens de production.

Art. 130. 1. Les pouvoirs publics veilleront à la modernisation et au développement de tous les secteurs économiques et, en particulier, de l'agriculture, de l'élevage, de la pêche et de l'artisanat, afin d'égaliser le niveau de vie de tous les Espagnols.

2. Aux mêmes fins, on accordera un traitement spécial aux zones de montagne.

Art. 131. 1. L'Etat pourra, par une loi, planifier l'activité économique générale pour veiller aux besoins collectifs, équilibrer et harmoniser le développement régional et sectoriel et stimuler la croissance des revenus et de la richesse et leur plus juste distribution.

2. Le Gouvernement élaborera les projets de planification compte tenu des prévisions qui lui seront fournies par les Communautés autonomes, ainsi que des conseils et de la collaboration des syndicats et autres organisations professionnelles, patronales et économiques. On constituera à cette fin un Conseil dont la composition et les fonctions seront définies par une loi.

Art. 132. 1. La loi réglementera le régime juridique des biens appartenant au domaine public et des biens communaux, en s'inspirant des principes d'inaliénabilité, d'imprescriptibilité et d'insaisissabilité; elle réglementera également leur désaffectation.

2. Appartiennent au domaine public de l'Etat les biens que la loi déterminera et, dans tous les cas, la zone maritime terrestre, les plages, la mer territoriale et les ressources naturelles de la zone économique et du plateau continental.

3. Une loi réglementera le patrimoine de l'Etat et le patrimoine national, son administration, sa défense et sa conservation.

Art. 133. 1. Le pouvoir originaire d'imposition incombe exclusivement à l'Etat, au moyen d'une loi.

2. Les Communautés autonomes et les collectivités locales pourront créer et percevoir des impôts, conformément à la Constitution et aux lois.

3. Tout avantage fiscal affectant les impôts de l'Etat devra être déterminé par

une loi.

4. Les administrations publiques ne pourront contracter des obligations financières et engager des dépenses que conformément aux lois.

Art. 134. 1. Il incombe au Gouvernement d'élaborer les budgets généraux de l'Etat et aux Cortes générales de les examiner, de les amender et de les adopter.

2. Les budgets généraux de l'Etat auront un caractère annuel et comprendront la totalité des dépenses et des recettes du secteur public de l'Etat. On y consignera le montant des avantages fiscaux qui affectent les impôts de l'Etat.

3. Le Gouvernement devra présenter au Congrès des députés les budgets généraux de l'Etat au moins trois mois avant l'expiration de ceux de l'année précédente.

4. Si la loi de finances n'est pas approuvé avant le premier jour de l'exercice budgétaire correspondant, on considérera que les budgets de l'année précédente sont automatiquement prorogés jusqu'à l'approbation des nouveaux budgets.

5. Après l'approbation des budgets généraux de l'Etat, le Gouvernement pourra présenter des projets de loi comportant une augmentation des dépenses publiques ou une réduction des recettes correspondant au même exercice budgétaire.

6. Toute proposition ou tout amendement qui entraînerait une augmentation des crédits ou une réduction des recettes budgétaires devra recevoir l'accord du Gouvernement pour suivre son cours.

7. La loi de finances ne peut pas créer d'impôts. Elle pourra les modifier lorsqu'une loi fiscale substantielle le déterminera.

Art. 135. Rédigé conformément à la Révision de la Constitution espagnole, (Journal officiel du 28 août 2011).

1. Toutes les Administrations Publiques accommoderont leur conduite au principe de stabilité budgétaire.

2. L'État et les Communautés Autonomes ne pourront pas encourir en un déficit structurel qui dépasse les limites établies, le cas échéant, par l'Union Européenne pour ses États Membres.

Une loi organique fixera le déficit structurel maximum permis à l'État et aux Communautés Autonomes, par rapport à leur produit intérieur brut. Les Collectivités Locales devront présenter un équilibre budgétaire.

3. L'État et les Communautés Autonomes devront être autorisés par une loi pour émettre de la dette publique ou lancer un emprunt.

Les fonds destinés au paiement des intérêts et au remboursement du capital de la dette publique de l'État sont toujours considérés comme étant inclus dans l'état descriptif des dépenses du budget et leur remboursement sera absolument prioritaire. Ces fonds ne peuvent faire l'objet d'amendement ou de modification tant qu'ils demeurent conformes aux conditions de la loi d'émission.
Le volume de la dette publique de l'ensemble des Administrations Publiques par rapport au produit intérieur brut de l'État ne pourra dépasser la valeur de référence établie dans le Traité de Fonctionnement de l'Union Européenne.

4. Les limites du déficit structurel et du volume de la dette publique ne pourront être dépassées qu'en cas de catastrophes naturelles, récession économique ou situations d'extrême urgence qui échappent au contrôle de l'État et nuisent considérablement à la situation financière ou à la durabilité économique ou sociale de l'État, accordées par la majorité absolue des membres du Congrès des Députés.

5. Une loi organique développera les principes inclus dans cet article, ainsi comme la participation dans les procédures respectives des organes de coordination institutionnelle entre les Administrations Publiques en matière de politique fiscale et financière. En tout cas, elle règlera :

a) La distribution des limites de déficit et de dette entre les différentes Administrations Publiques, les cas exceptionnels de dépassement de celles-ci et la façon et le délai de correction des déviations qui sur les unes ou les autres pourraient se produire.

b) La méthode et la procédure pour le calcul du déficit structurel.

c) La responsabilité de chaque Administration Publique en cas de manquer les objectifs de stabilité budgétaire.

6. Les Communautés Autonomes, conformément à leurs Statuts et dans les limites qu'établit cet article, adopteront les dispositions pertinentes pour l'effective application du principe de stabilité dans ses règles et décisions budgétaires.

Art. 136. 1. La Cour des comptes est l'organe de contrôle suprême des comptes et de la gestion économique de l'Etat ainsi que du secteur public.

Elle dépendra directement des Cortes générales et exercera ses fonctions par délégation de celles-ci en ce qui concerne l'examen et la vérification des comptes généraux de l'Etat.

2. Les comptes de l'Etat et du secteur public étatique seront rendus à la Cour des comptes et seront examinés par celle-ci.

La Cour des comptes, sans préjudice de ses propres compétences, remettra aux Cortes générales un rapport annuel par lequel elle communiquera, s'il y a lieu, les infractions ou les responsabilités qui, à son avis, se seraient produites.

3. Les membres de la Cour des comptes jouiront de la même indépendance et de la même inamovibilité et seront soumis aux mêmes incompatibilités que les juges.

4. Une loi organique réglementera la composition, l'organisation et les fonctions de la Cour des comptes.

TITRE VIII

De l'organisation territoriale de l'Etat

CHAPITRE PREMIER

Principes généraux

Art. 137. L'Etat se compose, dans son organisation territoriale, de communes, de provinces et des Communautés autonomes qui seront constituées. Toutes ces entités jouissent d'une autonomie pour la gestion de leurs intérêts respectifs.

Art. 138. 1. L'Etat garantit l'application effective du principe de solidarité consacré à l'article 2 de la Constitution, en veillant à l'établissement d'un équilibre économique approprié et juste entre les différentes parties du territoire espagnol, compte tenu tout particulièrement des circonstances propres à l'insularité.

2. Les différences entre les statuts des diverses Communautés autonomes ne pourront impliquer, en aucun cas, des privilèges économiques ou sociaux.

Art. 139. 1. Tous les Espagnols ont les mêmes droits et les mêmes obligations dans n'importe quelle partie du territoire de l'Etat.

2. Aucune autorité ne pourra adopter des mesures qui directement ou indirectement entraveraient la liberté de circulation et d'établissement des personnes et la libre circulation des biens sur tout le territoire espagnol.

CHAPITRE II

De l'administration locale

Art. 140. La Constitution garantit l'autonomie des communes. Celles-ci jouiront d'une personnalité juridique complète. Leur gouvernement et leur administration incombent à leurs conseils municipaux respectifs, formés par les maires et les conseillers. Les conseillers seront élus par les habitants de la commune au suffrage universel, égalitaire, libre, direct et secret, sous la forme établie par la loi. Les maires seront élus par les conseillers ou par les habitants. La loi déterminera les conditions dans lesquelles il conviendra d'établir le régime du conseil ouvert.

Art. 141. 1. La province est une entité locale ayant une personnalité juridique propre, déterminée par le groupement de communes, ainsi qu'une division territoriale en vue de mener à bien les activités de l'Etat. Toute modification des limites provinciales devra être approuvée par les Cortes générales au moyen d'une loi organique.

2. Le Gouvernement et l'administration autonome des provinces seront confiés à des Conseils généraux ou à des collectivités à caractère représentatif.

3. On pourra créer des groupements de communes différents des provinces.

4. Dans les archipels, les îles disposeront, en outre, de leur propre administration sous forme de "Cabildos" ou Conseils.

Art. 142. Les Finances locales devront disposer des moyens suffisants pour exercer les fonctions que la loi attribue aux collectivités respectives; ces moyens proviendront essentiellement de leur propre imposition et de leur participation à celle de l'Etat et des Communautés autonomes.

CHAPITRE III

Des Communautés autonomes

Art. 143. 1. En application du droit à l'autonomie reconnu à l'article 2 de la Constitution, les provinces limitrophes ayant des caractéristiques historiques, culturelles et économiques communes, les territoires insulaires et les provinces ayant une entité régionale historique pourront se gouverner eux-mêmes et se constituer en communautés autonomes, conformément aux dispositions du titre VIII et des statuts respectifs.

2. Le droit d'initiative, en matière d'autonomie, incombe à tous les Conseils généraux intéressés ou à l'organe inter insulaire correspondant et aux deux tiers des communes dont la population représente au moins la majorité du corps électoral de chaque province ou de chaque île. Ces conditions devront être remplies dans le délai de six mois à partir de l'adoption du premier accord en la matière par l'une des collectivités locales intéressées.

3. L'initiative, si elle n'aboutit pas, ne pourra pas être reprise avant cinq ans.

Art. 144. Les Cortès générales pourront, par une loi organique, et pour des motifs d'intérêt national:
a) Autoriser la constitution d'une communauté autonome lorsque son territoire ne dépasse pas celui d'une province et ne réunit pas les conditions de l'article 143, paragraphe 1.
b) Autoriser ou s'il y a lieu, agréer un statut d'autonomie pour des territoires qui ne sont pas intégrés dans l'organisation provinciale.
c) Exercer le droit d'initiative en lieu et place des collectivités locales auxquelles ce droit incombe, conformément à l'article 143, paragraphe 2.

Art. 145. 1. On n'admettra, en aucun cas, la fédération de Communautés autonomes.

2. Les statuts pourront prévoir les cas, les conditions et les termes dans lesquels les Communautés autonomes pourront conclure des accords entre elles pour la gestion et la prestation de services qui leur sont propres, ainsi que le caractère et les effets de la communication correspondante aux Cortès générales. Dans les autres cas, les accords de coopération entre les Communautés autonomes requerront l'autorisation des Cortès générales.

Art. 146. Le projet de statut sera élaboré par une assemblée composée des membres du Conseil général ou de l'organe inter insulaire des provinces intéressées et par les députés et les sénateurs élus dans chacune d'elles et sera transmis aux Cortès générales pour qu'il lui soit donné cours en tant que loi.

Art. 147. 1. Dans le cadre de la Constitution, les statuts seront la norme institutionnelle fondamentale de chaque Communauté autonome et l'Etat les reconnaîtra et les protégera comme partie intégrante de son ordre juridique.

2. Les statuts d'autonomie devront contenir:
a) Le nom de la Communauté qui correspondra le mieux à son identité historique.
b) La délimitation de son territoire.
c) La dénomination, l'organisation et le siège des institutions autonomes propres.
d) Les compétences assumées dans le cadre établi par la Constitution et les bases pour le transfert des services correspondants à ces compétences.

3. Toute révision des statuts suivra la procédure établie par ceux-ci et exigera, en tout cas, l'approbation des Cortès générales, au moyen d'une loi organique.

Art. 148. 1. Les Communautés autonomes pourront assumer des compétences dans les matières suivantes:

1) L'organisation de leurs institutions de gouvernement autonomes.

2) Les modifications des limites des communes comprises dans leur territoire et, en général, les fonctions qui incombent à l'administration de l'Etat en ce qui concerne les collectivités locales et dont le transfert est autorisé par la législation sur le Régime local.

3) L'aménagement du territoire, l'urbanisme et le logement.

4) Les travaux publics intéressant la Communauté autonome sur son propre territoire.

5) Les chemins de fer et les routes dont le parcours se trouve intégralement sur le territoire de la Communauté autonome et, dans les mêmes conditions, le transport assuré par ces moyens ou par câble.

6) Les ports de refuge, les ports et les aéroports de plaisance et, en général, ceux qui n'ont pas d'activités commerciales.

7) L'agriculture et l'élevage conformément à l'ordonnancement général de l'économie.

8) Les eaux et forêts et l'exploitation forestière.

9) La gestion en matière de protection de l'environnement.

10) Les projets, la construction et l'exploitation des installations hydrauliques, des canaux et des systèmes d'irrigation, présentent un intérêt pour la Communauté autonome, et les eaux minérales et thermales.

11) La pêche dans les eaux intérieures, l'exploitation des fruits de mer et l'aquiculture, la chasse et la pêche fluviale.

12) Les foires locales.

13) Le développement de l'activité économique de la Communauté autonome dans le cadre des objectifs fixés par la politique économique nationale.

14) L'artisanat.

15) Les musées, les bibliothèques et les conservatoires de musique, présentant un intérêt pour la Communauté autonome.

16) Le patrimoine monumental présentant un intérêt pour la Communauté autonome.

17) Le développement de la culture, de la recherche et, s'il y a lieu, de l'enseignement de la langue de la Communauté autonome.

18) La promotion et l'aménagement du tourisme sur leur territoire.

19) La promotion du sport et l'utilisation adéquate des loisirs.

20) L'assistance sociale.

21) La santé et l'hygiène.

22) La surveillance et la protection de leurs édifices et de leurs installations. La coordination et d'autres fonctions en rapport avec les polices locales selon les dispositions que déterminera une loi organique.

2. Au terme d'une période de cinq ans et par la révision de leurs statuts, les Communautés autonomes pourront étendre successivement leurs compétences dans le cadre établi à l'article 149.

Art. 149. 1. L'Etat jouit d'une compétence exclusive dans les matières suivantes:

1) La réglementation des conditions fondamentales qui garantissent l'égalité de tous les Espagnols dans l'exercice de leurs droits et dans l'accomplissement des devoirs constitutionnels.

2) La nationalité, l'immigration, l'émigration, l'extranéité et le droit d'asile.

3) Les relations internationales.

4) La défense et les Forces armées.

5) L'administration de la justice.

6) La législation commerciale, pénale et pénitentiaire; la législation de la procédure, sans préjudice des spécialités nécessaires qui, dans ce domaine, découlent des particularités du droit substantiel des Communautés autonomes.

7) La législation du travail, sans préjudice de son application par les organes des Communautés autonomes.

8) La législation civile, sans préjudice de la conservation, de la modification et du développement, par les Communautés autonomes, des droits civils, des droits découlant des "fueros" ou des droits particuliers là où ils existent. Dans tous les cas, les règles relatives à l'application et à l'efficacité des normes juridiques, le cadre juridique en droit civil des formes de mariage, l'organisation des registres et instruments publics, les bases des obligations contractuelles, les normes visant à résoudre, les conflits de lois et la détermination des sources du droit, compte tenu, dans ce dernier cas, des normes du droit découlant des "fueros" ou du droit spécial.

9) La législation de la propriété intellectuelle et industrielle.

10) Le régime douanier et tarifaire; le commerce extérieur.

11) Le système monétaire: devises, change et convertibilité; les bases de l'organisation du crédit, des banques et des assurances.

12) La législation des poids et mesures et la détermination de l'heure officielle.

13) Les bases et la coordination de la planification générale de l'activité économique.

14) Les finances générales et la dette de l'Etat.

15) Le développement et la coordination générale de la recherche scientifique et technique.

16) La santé extérieure. Les bases et la coordination générale de la santé. La législation sur les produits pharmaceutiques.

17) La législation fondamentale et le régime économique de la sécurité sociale, sans préjudice de la mise en œuvre de ses services par les Communautés autonomes.

18) Les fondements du régime juridique des administrations publiques et du régime statutaire de leurs fonctionnaires qui, dans tous les cas, garantiront aux administrés un traitement commun devant elles; la procédure administrative commune, sans préjudice des spécialités découlant de l'organisation propre des Communautés autonomes; la législation sur l'expropriation obligatoire; la législation fondamentale sur les contrats et les concessions administratives et le système de responsabilité de toutes les administrations publiques.

19) La pêche maritime, sans préjudice des compétences qui, dans l'organisation du secteur, seront accordées aux Communautés autonomes.

20) La marine marchande et le pavillon des bateaux, l'éclairage des côtes et la signalisation maritime; les ports d'intérêt général; les aéroports d'intérêt général; le contrôle de l'espace aérien, le transit et le transport aériens; les services météorologiques et l'immatriculation des aéronefs.

21) Les chemins de fer et les transports terrestres qui traversent le territoire de plus d'une Communauté autonome ; le régime général des communications; le trafic et la circulation des véhicules à moteur ; les postes et télécommunications, les câbles aériens et sous-marins et les radiocommunications.

22) La législation, l'aménagement et la concession des ressources et

installations hydrauliques lorsque les eaux traversent plus d'une Communauté autonome et l'autorisation de procéder à des installations électriques lorsque leur utilisation affecte une autre Communauté ou lorsque le transport d'énergie dépasse les limites de son territoire.

23) La législation fondamentale sur la protection de l'environnement sans préjudice des facultés qu'ont les Communautés autonomes de définir des normes additionnelles de protection. La législation fondamentale des eaux et forêts, de l'exploitation forestière et des chemins suivis par les troupeaux.

24) Les travaux publics d'intérêt général ou dont la réalisation concerne plus d'une Communauté autonome.

25) Les bases du régime minier et énergétique.

26) Le régime de production, commerce, détention et usage d'armes et explosifs.

27) Les normes fondamentales du régime de la presse, de la radio et de la télévision et, en général, de tous les moyens de communication sociale, sans préjudice des facultés qui incombent aux Communautés autonomes en ce qui concerne son développement et son application.

28) La protection du patrimoine culturel, artistique et monumental espagnol contre son exportation et son spoliation; les musées, les bibliothèques et les archives appartenant à l'Etat, sans porter atteinte à leur gestion par les Communautés autonomes.

29) La sécurité publique, sans préjudice de la possibilité, pour les Communautés autonomes, de créer des polices sous la forme qu'établiront leurs statuts respectifs, dans le cadre des dispositions d'une loi organique

30) La réglementation des conditions d'obtention, d'expédition et d'homologation de titres universitaires et professionnels et les normes fondamentales pour le développement de l'article 27 de la Constitution, afin de garantir le respect des obligations des pouvoirs publics en cette matière.

31) La statistique aux fins de l'Etat.

32) L'autorisation de convoquer des consultations populaires par voie de référendum.

2. Sans préjudice des compétences que pourront assumer les Communautés autonomes, l'Etat considérera le service de la culture comme un devoir et une attribution essentielle et facilitera la communication culturelle entre les Communautés autonomes, en accord avec elles.

3. Les matières qui ne sont pas expressément attribuées à l'Etat par la

Constitution pourront incomber aux Communautés autonomes, conformément à leurs statuts respectifs. La compétence dans les matières qui ne figurent pas dans les statuts d'autonomie incombera à l'Etat, dont les normes prévaudront, en cas de conflit, sur celles des Communautés autonomes dans tous les domaines qui ne leur seront pas réservés exclusivement. Le droit étatique suppléera, dans tous les cas, le droit des Communautés autonomes.

Art. 150. 1. Les Cortes générales pourront, dans les matières relevant de la compétence de l'Etat, attribuer à toutes les Communautés autonomes ou à certaines d'entre elles la faculté de décréter, en ce qui les concerne, des normes législatives dans le cadre des principes, des bases et des directives fixés par une loi étatique.

Chaque loi-cadre arrêtera, sans préjudice de la compétence des tribunaux, les modalités de contrôle qu'exerceront les Cortes générales sur les normes législatives des Communautés autonomes.

2. L'Etat pourra transférer ou déléguer aux Communautés autonomes, par une loi organique, des facultés lui appartenant qui, par leur nature même, sont susceptibles d'être transférées ou déléguées. La loi prévoira, dans chaque cas, le transfert correspondant de moyens financiers, ainsi que les formes de contrôle que l'Etat se réservera.

3. Lorsque l'intérêt général l'exigera, l'Etat pourra promulguer des lois qui établiront les principes nécessaires à l'harmonisation des dispositions normatives des Communautés autonomes, même pour des matières relevant de la compétence de celles-ci. L'appréciation de cette nécessité incombe aux Cortes générales, à la majorité absolue des membres de chaque Chambre.

Art. 151. 1. Il ne sera pas nécessaire de laisser passer le délai de cinq ans auquel se réfère l'article 148, paragraphe 2, lorsque, non seulement les Conseils généraux ou les organes inter insulaires correspondants, mais aussi les trois quarts des communes de chacune des provinces intéressées qui représentent, au moins, la majorité du corps électoral de chacune d'elles, décident d'exercer le droit d'initiative, en matière d'autonomie, dans le délai prévu à l'article 143, paragraphe 2, et que cette initiative est ratifiée, par voie de référendum, par la majorité absolue des électeurs de chaque province, dans les termes qu'une loi organique établira.

2. Dans le cas prévu au paragraphe précédent, la procédure d'élaboration du statut sera la suivante:

1.º Le Gouvernement convoquera tous les députés et sénateurs élus dans les circonscriptions comprises dans le territoire qui aspire à se gouverner lui-même pour qu'ils se constituent en assemblée, à la seule fin d'élaborer le projet de statut d'autonomie correspondant, avec l'accord de la majorité absolue de ses membres.

2° Dés qu'il sera adopté par l'assemblée de parlementaires, le projet de statut sera remis à la Commission constitutionnelle du Congrès qui, dans le délai de deux mois, l'examinera avec le concours et l'assistance d'une délégation de l'assemblée qui en a fait la proposition, afin de déterminer, d'un commun accord, sa rédaction définitive.

3° S'il y a accord, le texte adopté sera soumis, par voie de référendum, au corps électoral des provinces comprises dans le territoire visé par le projet de statut.

4° Si le projet de statut est approuvé, dans chaque province, à la majorité des votes valablement exprimés, il sera déféré aux Cortés générales. Les deux Chambres, convoquées en réunion plénière, se prononceront sur le texte par un vote de ratification. Un fois adopté, le statut sera sanctionné par le Roi qui le promulguera en tant que loi.

5° S'il n'y a pas accord conformément à l'alinéa 2.0 du présent paragraphe, le projet de statut sera remis en tant que projet de loi aux Cortes générales. Le texte adopté par celles-ci sera soumis, par voie de référendum, au corps électoral des provinces faisant partie du territoire visé par le projet de statut. S'il est approuvé par la majorité des votes valablement exprimés dans chaque province, on procédera à sa promulgation selon les dispositions de l'alinéa 4°

3. En ce qui concerne les alinéas 4° et 5° du paragraphe précédent, le fait que le projet de statut ne soit pas approuvé par une ou plusieurs provinces n'empêchera pas les autres provinces de constituer la Communauté autonome envisagée, sous la forme qu'établira la loi organique prévue au paragraphe 1 du présent article.

Art. 152. 1. Dans les statuts approuvés par la procédure définie à l'article 151, l'organisation institutionnelle autonome se fondera sur une assemblée législative élue au suffrage universel, suivant un système de représentation proportionnelle qui assurera, en outre, la représentation des différentes zones du territoire, un Conseil de Gouvernement qui exercera les fonctions exécutives et administratives et un président, élu par l'assemblée parmi ses membres et nommé par le Roi, qui sera chargé de diriger le dit Conseil de Gouvernement, représentation suprême de la Communauté autonome et représentation ordinaire de l'Etat dans celle-ci. Le président et les membres du Conseil de Gouvernement seront politiquement responsables devant l'assemblée.

Un Tribunal supérieur de justice, sans préjudice de la juridiction propre au Tribunal suprême, sera le plus haut responsable de l'organisation judiciaire du territoire de la Communauté autonome. Les statuts des Communautés autonomes pourront établir la base et les formes de participation de celles-ci dans l'organisation des circonscriptions judiciaires du territoire, conformément aux dispositions de la loi organique du pouvoir judiciaire et compte tenu de l'unité et de l'indépendance de celui-ci.

Sans préjudice des dispositions de l'article 123, les appels successifs seront formés, s'il y a lieu, devant des organes judiciaires situés dans le territoire de la Communauté autonome où se trouve l'organe compétent en première instance.

2. Une fois sanctionnés et promulgués, les divers statuts ne pourront être modifiés qu'en vertu de la procédure qu'ils prévoient à cet effet et par un référendum auquel participeront les électeurs recensés sur les listes correspondantes.

3. Par le groupement de communes limitrophes, les statuts pourront créer des circonscriptions territoriales propres qui jouiront d'une pleine personnalité juridique.

Art. 153. Le contrôle de l'activité des organes des Communautés autonomes s'exercera :
a) Par le Tribunal constitutionnel en ce qui concerne la constitutionnalité de leurs dispositions normatives ayant force de loi.
b) Par le Gouvernement, après avis du Conseil d'Etat, en ce qui concerne l'exercice des fonctions déléguées auxquelles se réfère l'article 150, paragraphe 2.
c) Par la juridiction du contentieux administratif, en ce qui concerne l'administration autonome et ses normes réglementaires.
d) Par la Cour de comptes, en ce qui concerne les matières économiques et budgétaires.

Art. 154. Un délégué, nommé par le Gouvernement, sera chargé de diriger l'administration de l'Etat dans le territoire de la Communauté autonome et de la coordonner, s'il y a lieu, avec l'administration propre de la Communauté.

Art. 155. 1. Si une Communauté autonome ne remplit pas les obligations que la Constitution ou les autres lois lui imposent ou agit de façon à porter gravement atteinte à l'intérêt général de l'Espagne, le Gouvernement, après avoir préalablement mis en demeure le Président de la Communauté autonome et si cette mise en demeure n'aboutit pas, pourra, avec l'approbation de la majorité absolue des membres du Sénat, prendre les mesures nécessaires pour la contraindre à respecter ces obligations ou pour protéger l'intérêt général mentionné.

2. Pour mener à bien les mesures prévues au paragraphe précédent, le Gouvernement pourra donner des instructions à toutes les autorités des Communautés autonomes.

Art. 156. 1. Les Communautés autonomes jouiront de l'autonomie financière pour développer et exercer leurs compétences, conformément aux principes de coordination avec les finances de l'Etat et de solidarité entre tous les Espagnols.

2. Les Communautés autonomes pourront agir comme délégués ou collaborateurs de l'Etat pour le recouvrement, la gestion et la liquidation de ses ressources fiscales, conformément aux lois et aux statuts.

Art. 157. 1. Les ressources des Communautés autonomes seront constituées par:
a) Les impôts cédés totalement ou partiellement par l'Etat; les surtaxes sur les impôts de l'Etat et autres participations aux recettes de celui-ci.
b) Leurs propres impôts, taxes et contributions spéciales.
c) Les transferts d'un fonds de compensation inter territorial et d'autres assignations à la charge des budgets généraux de l'Etat.
d) Les revenus provenant de leur patrimoine et les recettes de droit privé.
e) Le produit des opérations de crédit.

2. Les Communautés autonomes ne pourront en aucun cas prendre des mesures fiscales à l'encontre de biens situés hors de leur territoire ou qui pourraient constituer un obstacle à la libre circulation des marchandises ou des services.

3. Une loi organique pourra réglementer l'exercice des compétences financières énumérées au paragraphe 1, les normes visant à résoudre les conflits qui pourraient surgir et les possibilités de collaboration financière entre les Communautés autonomes et l'Etat.

Art. 158. 1. Dans les budgets généraux de l'Etat, on pourra fixer une assignation aux Communautés autonomes en fonction de l'importance des services et des activités étatiques qu'elles auront assumées et des prestations minimales qu'elles s'engagent à apporter en ce qui concerne les services publics fondamentaux sur tout le territoire espagnol.

2. Afin de corriger des déséquilibres économiques inter territoriaux et de mettre en pratique le principe de solidarité, on constituera un Fonds de compensation destiné aux dépenses d'investissement dont les ressources seront réparties par les Cortes générales entre les Communautés autonomes et les provinces, s'il y a lieu.

TITRE IX

Du Tribunal constitutionnel

Art. 159. 1. Le Tribunal constitutionnel se compose de douze membres nommés par le Roi, quatre sur la proposition du Congrès adoptée à la majorité des trois cinquièmes de ses membres, quatre sur la proposition du Sénat adoptée à la même majorité, deux sur la proposition du Gouvernement et deux sur la proposition du Conseil Général du pouvoir judiciaire.

2. Les membres du Tribunal constitutionnel devront être nommés parmi des magistrats et des procureurs, des professeurs d'Université, des fonctionnaires publics et des avocats; ils devront tous être des juristes aux compétences reconnues et avec plus de quinze ans d'expérience professionnelle.

3. Les membres du Tribunal constitutionnel seront désignés pour une période de neuf ans et ils seront renouvelables par tiers tous les trois ans.

4. La condition de membre du Tribunal constitutionnel est incompatible avec tout mandat représentatif, les fonctions politiques ou administratives, l'exercice d'une charge de direction dans un parti politique ou un syndicat et un emploi au service de ceux-ci, l'exercice de fonctions judiciaires et de fonctions relevant du ministère public et avec toute autre activité professionnelle ou commerciale.

Pour le reste, les incompatibilités affectant les membres du Tribunal constitutionnel seront celles qui sont propres des membres du pouvoir judiciaire.

5. Les membres du Tribunal Constitutionnel seront indépendants et inamovibles pendant la durée de leur mandat.

Art. 160. Le président du Tribunal constitutionnel est nommé parmi ses membres par le Roi, sur la proposition du Tribunal réuni en entier, et pour une période de trois ans.

Art. 161. 1. Le Tribunal constitutionnel exerce sa juridiction sur tout le territoire espagnol et est compétent pour connaître:
a) Du recours d'inconstitutionnalité contre des lois et des dispositions normatives ayant force de loi. La déclaration d'inconstitutionnalité d'une norme juridique ayant force de loi, interprétée par la jurisprudence, affectera aussi cette dernière, mais la sentence ou les sentences déclarées ne perdront pas la valeur de la chose jugée.
b) Du recours individuel pour violation des droits et des libertés cités à l'article 53, paragraphe 2, de la Constitution dans le cas et sous les formes que la loi établira.
c) Des conflits de compétence entre l'Etat et les Communautés autonomes et des conflits de compétence entre les diverses Communautés.
d) Des autres matières que lui attribueront la Constitution ou les lois organiques.

2. Le Gouvernement pourra contester devant le Tribunal constitutionnel les dispositions et les résolutions adoptées par les organes des Communautés autonomes. La contestation entraînera la suspension de la disposition ou de la décision contre laquelle il est fait appel, mais le Tribunal devra la ratifier ou, s'il y a lieu, la lever dans un délai maximum de cinq mois.

Art. 162. Sont en droit:
a) D'introduire un appel pour inconstitutionnalité, le Président du Gouvernement,

le défenseur du peuple, cinquante députés, cinquante sénateurs, les organes collégiaux exécutifs des Communautés autonomes et, le cas échéant, les assemblées de ces Communautés.
b) D'introduire un recours individuel, toute personne naturelle ou juridique qui invoquera un intérêt légitime, ainsi que le défenseur du peuple et le ministère public.
c) Dans les autres cas, la loi organique déterminera les personnes et les organes ayants droit.

Art. 163. 1. Lorsqu'un organe judiciaire considérera, au cours d'un procès, qu'une norme ayant force de loi, s'appliquant en la matière et de la validité de laquelle la sentence dépend, pourrait être contraire à la Constitution, il saisira le Tribunal constitutionnel dans les cas, sous la forme et avec les effets que la loi établira, lesquels ne seront en aucune façon suspensifs.

Art. 164. 1. Les sentences du Tribunal constitutionnel seront publiées dans le Journal officiel, en même temps que les avis contraires qui auraient été exprimés. Elles ont la valeur de la chose jugée à partir du jour qui suit leur publication et il n'est pas possible de recourir contre elles. Celles qui déclarent inconstitutionnelle une loi ou une norme ayant force de loi et toutes celles qui ne se limitent pas à l'estimation subjective d'un droit s'appliquent à tous dans tous leurs effets.

2. Sauf dans les cas où la sentence en dispose autrement, la partie de la loi qui n'est pas déclarée inconstitutionnelle reste en vigueur.

Art. 165. Une loi organique régira le fonctionnement du Tribunal constitutionnel, le statut de ses membres, la procédure à suivre devant lui et les conditions pour l'exercice des actions.

TITRE X

De la révision constitutionnelle

Art. 166. L'initiative en matière de révision constitutionnelle s'exercera selon les dispositions prévues à l'article 87, paragraphes 1 et 2.

Art. 167. 1. Les projets de révision constitutionnelle devront être adoptés par les deux Chambres à la majorité des trois cinquièmes. S'il n y a pas accord entre les deux Chambres, on s'efforcera de l'obtenir en créant une commission paritaire de députés et de sénateurs qui soumettra un texte sur lequel le Congrès et le Sénat devront se prononcer par un vote.

2. Si le texte n'est pas adopté selon la procédure indiquée au paragraphe précédent, le Congrès pourra, à condition que le Sénat ait voté à la majorité absolue en faveur du dit texte, approuver la révision à la majorité des deux tiers.

3. Une fois approuvée par les Cortes générales, la révision est soumise à ratification par voie de référendum lorsque, dans les quinze jours qui suivent son approbation, un dixième des membres de l'une des Chambres en fait la demande.

Art. 168 1. Toute proposition visant à la révision totale de la Constitution ou à une révision partielle du titre préliminaire, du chapitre deux, section première du titre I ou du titre II, sera approuvée, quant au principe, à la majorité des deux tiers des membres de chaque Chambre et l'on procédera à la dissolution immédiate des Cortes.

2. Les Chambres élues devront ratifier la décision et procéder à l'étude du nouveau texte constitutionnel qui devra être approuvé par les deux Chambres à la majorité des deux tiers.

3. Après avoir été approuvée par les Cortes générales, la révision sera soumise à ratification, par voie de référendum.

Art. 169. On ne pourra pas mettre en marche la révision constitutionnelle en temps de guerre ou tant que demeurera en vigueur l'un des états prévus à l'article 116.

DISPOSITIONS ADDITIONNELLES

Première.—La Constitution protège et respecte les droits historiques des territoires jouissant de "fueros".

La mise à jour générale du régime de "fueros" sera menée à bien, s'il y a lieu, dans le cadre de la Constitution et des statuts d'autonomie.

Deuxième.—La déclaration de majorité figurant à l'article 12 de la Constitution n'affecte pas, en droit privé, les situations visées par les droits découlant des "fueros".

Troisième.—Toute modification du régime économique et fiscal de l'archipel des îles Canaries devra être précédée d'un rapport préalable de la Communauté autonome ou, s'il y a lieu, de l'organe autonome provisoire.

Quatrième.—Dans les Communautés autonomes où siège plus d'une audience territoriale, les statuts d'autonomie respectifs pourront maintenir les audiences existantes en répartissant les compétences entre elles, conformément aux dispositions de la loi organique du pouvoir judiciaire et compte tenu de l'unité et de l'indépendance de celui-ci.

DISPOSITIONS TRANSITOIRES

Première—Dans les territoires jouissant d'un régime provisoire d'autonomie, leurs organes collégiaux supérieurs pourront, par une décision adoptée à la majorité absolue de leurs membres, exercer le droit d'initiative, en lieu et place des Conseils généraux provinciaux ou des organes inter insulaires correspondants, auxquels ce droit incombe, en vertu de l'article 143, paragraphe 2.

Deuxième.—Les territoires qui, dans le passé, auraient approuvé par un plébiscite des projets de statut d'autonomie et disposeraient, au moment de la promulgation de la Constitution, de régimes provisoires d'autonomie, pourront prendre immédiatement les mesures prévues à l'article 148, paragraphe 2, lorsque leurs organes collégiaux supérieur préautonomes le décideront à la majorité absolue; ceux-ci communiqueront leur décision au Gouvernement. Le projet de statut sera élaboré conformément aux dispositions de l'article 151, paragraphe 2, à la demande de l'organe collégial préautonome.

Troisième.—On considère que l'initiative du processus d'autonomie incombant aux collectivités locales ou à leurs membres en fonction de l'article 143, paragraphe 2, est différée, dans tous ses effets, jusqu'aux premières élections locales, organisées après l'entrée en vigueur de la Constitution.

Quatrième.—1. En ce qui concerne la Navarre et son incorporation au Conseil général basque ou au régime autonome basque qui le remplacera, l'initiative, au lieu de s'exercer selon les dispositions de l'article 143 de la Constitution, incombe à l'organe "foral" compétent qui adoptera sa décision à la majorité des membres qui le composent. Pour que cette initiative soit valable, il faudra, en outre, que la décision de l'organe "foral" compétent soit ratifiée par un référendum expressément convoqué à cet effet et approuvée à la majorité des votes valablement exprimés.

2. Si l'initiative n'a pas abouti, elle ne pourra s'exercer que pendant un autre mandat de l'organe "foral" compétent et, dans tous les cas, après écoulement du délai minimum fixé à l'article 143.

Cinquième.—Les villes de Ceuta et Melilla pourront se constituer en Communautés autonomes si leurs Conseils municipaux respectifs le décident à la majorité absolue de leurs membres et si les Cortes générales l'autorisent par une loi organique, selon les dispositions prévues à l'article 144.

Sixième—Lorsque la Commission de la Constitution du Congrès sera saisie de plusieurs projets de statut, elle se prononcera dans l'ordre suivant lequel ils auront été déposés et le délai de deux mois mentionné à l'article 151 commencera à compter à partir du moment où la Commission aura achevé l'étude du projet ou des projets dont elle aura été saisie successivement.

Septième.—Les organismes pré autonomes provisoires seront considérés comme dissous dans les cas suivants:
a) Dés que seront constitués les organes prévus par les statuts d'autonomie

adoptés conformément à la Constitution.
b) Dans le cas où l'initiative du processus d'autonomie n'aurait pas abouti pour n'avoir pas rempli les conditions prévues à l'article 143.
c) Si l'organisme n'a pas exercé le droit que lui reconnaît la première disposition transitoire dans le délai de trois ans.

Huitième—1. Les Chambres qui auront adopté la Constitution assumeront, après son entrée en vigueur, les fonctions et les compétences que celle-ci assigne respectivement au Congrès et au Sénat, sans que, en aucun cas, leur mandat s'étende au delà du 15 juin 1981.

2. En ce qui concerne les dispositions de l'article 99, on considérera que la promulgation de la Constitution crée les bases constitutionnelles pour la mise en œuvre de ces dispositions. A cet effet, une période de trente jours sera prévue, à partir de la date de la promulgation, pour la mise en œuvre des dispositions de l'article mentionné.

Pendant cette période, l'actuel Président du Gouvernement, qui assumera les fonctions et les compétences attachées à cette charge en vertu de la Constitution, pourra soit se prévaloir de la faculté que lui reconnaît l'article 115, soit permettre, par sa démission, que soient mises en œuvre les dispositions de l'article 99; dans cette dernière hypothèse, le Président du Gouvernement se trouvera dans la situation visée à l'article 101, paragraphe 2.

3. Si les Chambres sont dissoutes conformément à l'article 115 et si une loi n'a pas été élaborée en vertu des articles 68 et 69, les normes précédemment en vigueur seront valables aux élections, excepté dans les cas d'inéligibilité et d'incompatibilité où l'on appliquera directement les dispositions de la Constitution figurant à l'article 70, paragraphe 1, b), deuxième partie, celles qui se réfèrent à l'âge à partir duquel s'exerce le droit de vote et celles contenues à l'article 69, paragraphe 3.

Neuvième.—Trois ans après la première élection des membres du Tribunal constitutionnel, on désignera, par tirage au sort, un groupe de quatre membres, ayant la même provenance élective, qui devront démissionner et être remplacés. A cet effet seulement, on considérera que sont groupés en tant que membres de la même provenance les deux membres désignés sur proposition du Gouvernement et les deux membres proposés par le Conseil général du pouvoir judiciaire. On procédera de la même façon, une fois écoulé un nouveau délai de trois ans, en ce qui concerne les deux groupes n'ayant pas été visés par le tirage au sort antérieur. A partir de cette date, on appliquera les dispositions prévues à l'article 159, paragraphe 3.

DISPOSITION DEROGATOIRE

1. La loi 1/1977, du 4 janvier, sur la réforme politique est abrogée ainsi que les lois ci-après, dans la mesure où elles n'auraient pas été abrogées par la dite loi: la loi des Principes fondamentaux du Mouvement du 17 mai 1958, le Fuero des Espagnols du 17 juillet 1945, le Fuero du Travail du 9 mars 1938, la loi constitutive des Cortés du 17 juillet 1942, la loi sur la succession du Chef de l'Etat du 26 juillet 1947 et la loi organique de l'Etat du 10 janvier 1967 qui, à son tour, modifiait les lois indiquées précédemment; la loi sur le Référendum national du 22 octobre 1945 est également abrogée.

2. Dans la mesure où il pourrait conserver une certaine validité, on considère comme étant définitivement abrogé le décret royal du 25 octobre 1839, en ce qui pourrait concerner les provinces d'Alava, de Guipúzcoa et de Biscaye.

Au même titre, on considère comme définitivement abrogée la loi du 21 juillet 1876.

3. Sont abrogées également toutes les dispositions qui s'opposent à ce qui est établi dans la Constitution.

DISPOSITION FINALE

La Constitution entrera en vigueur le jour où son texte officiel sera publié dans le Journal officiel. Elle sera publiée également dans les autres langues de l'Espagne.

www.ingramcontent.com/pod-product-compliance
Lightning Source LLC
Chambersburg PA
CBHW031551210526
45464CB00003B/1247